LES
COUREURS
D'AMOURETTES

PAR

MAXIMILIEN PERRIN

auteur de

Un Ami de ma Femme, les Folies de Jeunesse, la Fille du Gondolier, l'Amour à la Campagne, la Belle de Nuit, la Famille du Mauvais Sujet, le Trouble ménage, le Débardeur, Cœur de Lièvre, François les Bas bleus, l'Autel et le Théâtre.

(Entièrement inédit.)

I

PARIS

L. DE POTTER, LIBRAIRE-ÉDITEUR

RUE FONTAINE MOLIÈRE, 27.

LES
COUREURS D'AMOURETTES.

NOUVEAUTÉS EN LECTURE
DANS TOUS LES CABINETS LITTÉRAIRES.

Une Femme à trois visages, par Ch. Paul de KOCK, 6 vol. in-8.
Une Existence Parisienne, par Mme de BAWR, 3 vol. in-8.
Les Yeux de ma tante, par Eugène SCRIBE. 3 vol. in-8.
Les Exploits de Rocambole, par PONSON DU TERRAIL. 8 vol. in-8.
Le Bonhomme Nock, par A. de GONDRECOURT. 6 vol. in-8.
Le Vagabond, par L. ENAULT et L. JUDICIS. 4 vol. in-8.
Les Ruines de Paris, par Charles MONSELET. 4 vol. in-8.
Les Viveurs de Province, par Xavier de MONTÉPIN. 6 vol. in-8.
Les Coureurs d'Amourettes, par Maximilien PERRIN. 3 vol. in-8.
La dame au gant noir, par PONSON DU TERRAIL. 8 vol. in-8.
Les Émigrans, par Elie BERTHET. 5 vol. in-8.
Les Cheveux de la reine, par madame la comtesse DASH 3 vol. in-8.
La Rose Blanche, par Auguste MAQUET, 3 vol. in-8.
La Maison Rose, par Xavier DE MONTÉPIN, 6 vol. in-8.
Le club des Valets de Cœur, par PONSON DU TERRAIL, 8 vol. in-8.
Monsieur Cherami, par Ch. PAUL DE KOCK, 5 vol. in-8.
L'Envers et l'Endroit, par Auguste MAQUET. 4 vol. in-8.
Les Drames de Paris, par PONSON DU TERRAIL, 9 vol. in-8.
Le Prix du sang, par A. DE GONDRECOURT. 5 vol. in-8.
Nena-Sahib, par Clémence ROBERT. 3 vol. in-8.
La Reine de Paris, par Théodore ANNE. 3 vol. in-8.
Un ami de ma femme, par Maximilien PERRIN. 3 vol. in-8.
La Maison mystérieuse, par mad. la comtesse DASH. 4 vol. in-8.
Le Bossu, aventures de cape et d'épée, par Paul FÉVAL. 5 vol. in-8.
La Bête du Gévaudan, par Élie BERTHET. 5 vol. in-8.
Les Spadassins de l'Opéra, par PONSON DU TERRAIL. 8 vol. in-8.
Le Filleul d'Amadis, par Eugène SCRIBE. 3 vol. in-8.
La Louve, par Paul FÉVAL. 6 vol. in-8.
Les Folies d'un grand Seigneur, par Ch. MONSELET 4 v. in-8.
La Vieille Fille, par A. DE GONDRECOURT. 4 vol. in-8.
Le Masque d'Acier, par Théodore ANNE. 4 vol. in-8.
Le Juif de Gand, par Constant GUÉROULT, auteur de *Roquevert l'Arquebusier*. 4 vol. in-8.
La Princesse Russe, par Emmanuel GONZALÈS. 2 vol. in-8.
La Fille Sanglante, par Charles RABOU. 4 vol. in-8.
La Belle Provençale, par le vicomte PONSON DU TERRAIL. 6 v. in-8.
Dettes de Cœur, par Auguste MAQUET. 2 vol. in-8.
Le Tigre de Tanger, par Paul DUPLESSIS, et A. Longin. 5 v. in-8.
Le Médecin des Voleurs, par Henry de KOCK. 4 vol. in-8.
La Tour Saint-Jacques, par Clémence ROBERT. 4 vol. in-8.
L'Homme de Fer, par Paul FÉVAL. 5 vol. in-8.
Les Chevaliers errants, par FÉRÉ et ST-YVES. 4 vol. in-8.
Le Guetteur de Cordouan, par Paul FOUCHER. 3 vol. in-8.
Les Petits Bourgeois, par H. DE BALZAC. 4 vol. in-8.
Le Pêcheur de Naples, par Eugène DE MIRECOURT, 4 vol. in-8.
Le vicomte de Chateaubrun, par Gabriel FERRY. 2 vol. in-8.
La Famille Beauvisage, par H. DE BALZAC. 4 vol. in-8.
Le Château de la Renardière, par Marie AYCARD. 4 vol. in-8.

Pour la suite des Nouveautés, demander le Catalogue général qui se distribue gratis.

Paris. — Imp. de P.-A. BOURDIER ET Cie, 30, rue Mazarine.

LES
COUREURS
D'AMOURETTES

PAR

MAXIMILIEN PERRIN

auteur de

Un Ami de ma Femme, les Folies de Jeunesse, la Fille du Gondolier, l'Amour à la Campagne, la Belle de Nuit, la Famille du Mauvais Sujet, le Trouble ménage, le Débardeur, Cœur de Lièvre, François les Bas bleus, l'Autel et le Théâtre.

(Entièrement inédit.)

I

PARIS

L. DE POTTER, LIBRAIRE-ÉDITEUR

RUE FONTAINE MOLIÈRE, 27.

Droits de traduction et de reproduction réservés.

1859

LES
VIVEURS DE PROVINCE

PAR
XAVIER DE MONTÉPIN.

Tout le monde connaît *les Viveurs de Paris*, l'un des livres les plus populaires et les plus célèbres de notre époque, l'un de ces romans dont le succès a marqué la place à côté des *Mystères de Paris*, des *Mousquetaires* et des *Parents pauvres*. L'auteur de ce chef-d'œuvre nous donne aujourd'hui la suite, ou plutôt la contre-partie de cette magnifique étude des mœurs parisiennes. Après avoir photographié les tableaux changeants et pittoresques de la grande ville, après avoir mis sous les yeux de ses innombrables lecteurs les drames et les scandales de la reine du monde, il va nous initier aux émotions et aux mystères de cette vie de province, bizarre et peu connue, même des provinciaux.

Jamais la plume de l'écrivain, si fécond et si aimé du public, ne s'est montrée mieux inspirée. Tour à tour dramatique, touchante et comique, elle raconte avec un art infini, avec une habileté merveilleuse, les péripéties multiples d'une histoire vraie et terrible, pleine d'intérêt et d'émotion.

Nous croyons pouvoir prédire un succès immense et mérité aux *Viveurs de province*, cet indispensable complément des *Viveurs de Paris*.

LES ÉMIGRANTS

PAR
ÉLIE BERTHET.

Parmi les romanciers les plus estimés de notre époque, M. Elie Berthet a su conquérir une place à part. Ses ouvrages, pleins de naturel, de vérité, de bon sens, paraissent être plutôt des histoires que des romans. Il ne donne pas dans le travers de certains autres écrivains en vogue, qui, à force de complications, d'événements bizarres et impossibles, arrivent à produire des œuvres aussi obscures, aussi peu intelligibles que déraisonnables. Sa manière est celle du grand romancier anglais Walter Scott, auquel on l'a comparé plusieurs fois; et, comme Walter Scott, tous ses ouvrages sont frappés au coin d'une moralité rigoureuse. Sans écarter les passions violentes, les fautes, les crimes qui existent dans la société humaine, et qui sont un des éléments de l'intérêt dramatique, il ne manque jamais de les blâmer et de les flétrir. Aussi l'appelle-t-on le *romancier des familles*, et, en effet, tout le monde peut lire ses ouvrages, sans crainte de se souiller l'imagination, d'altérer son sens moral ou de s'endurcir le cœur.

Ces qualités de M. Elie Berthet sont surtout apparentes dans le beau roman *les Émigrants*, que nous publions aujourd'hui. L'histoire est si simple, si vraie, si touchante, qu'elle semble réelle, et l'on croirait que le romancier a reçu les confidences de quelqu'unes de ces pauvres familles qui abandonnent leur sol natal pour aller chercher au loin une vie plus douce et plus prospère. Les causes ordinaires de l'émigration, les fatigues et les dangers auxquels s'exposent les émigrants, leurs illusions naïves, leurs mécomptes, et souvent les catastrophes auxquelles ils succombent, sont exposés avec une grande puissance et avec le plus vif intérêt. Aussi ne doutons-nous pas que le nouvel ouvrage de l'auteur des *Catacombes de Paris*, des *Chauffeurs*, du *Garde-Chasse* et de tant d'autres romans qui ont mérité la faveur du public, n'obtienne en librairie un immense succès.

CHAPITRE PREMIER.

I

Prologue.

C'était en 1720, et par une soirée orageuse du mois de juin, qu'un beau jeune homme aux manières distinguées, aux regards fiers et hardis, monté sur un fort beau cheval, vint s'arrêter à la porte d'une pauvre auberge d'un village situé dans le Maine.

— Holà! les manants! s'écria-t-il.

L'aubergiste s'empressa d'accourir à cet appel.

— Suis-je encore loin du bourg de Bonnétable? s'informa le jeune voyageur.

— Vous en êtes encore éloigné de trois grandes lieues, monseigneur.

— Diable! voilà la nuit et le ciel qui menacent de nous envoyer quelques fortes cataractes que je ne me soucie nullement de recevoir sur le dos... ça, mon brave homme, y a-t-il dans ton taudis d'auberge une chambre capable d'abriter, jusqu'à demain, un des mousquetaires du roi Louis XV, et ton buffet est-il assez garni pour lui servir un souper présentable?

—Monsieur le mousquetaire, veuillez mettre pied à terre sans aucune crainte, quoique n'ayant que rarement l'honneur de recevoir des personnages aussi éminents que votre seigneurie, je crois ma maison assez bien pourvue pour vous loger et vous faire souper à votre grande satisfaction.

Charmé par ces paroles, le mousquetaire descendit de cheval, jeta la bride à l'aubergiste en lui recommandant son noble animal, puis pénétra dans la salle de l'auberge, vaste pièce d'une entière propreté, au milieu de laquelle se trouvait une longue table de chêne flanquée de bancs de bois, le tout si poli, si brillant, que leur aspect inspira tout de suite une grande confiance à notre voyageur.

La femme de l'aubergiste, grosse mère réjouie et de bonne mine, était en ce moment occupée, dans la vaste cheminée de la salle, à confectionner une gibelote dont le fumet vint agréablement caresser l'odorat du mousquetaire passablement affamé, grâce à une route de cinq lieues faites d'un seul trait.

— Du vin, et de votre meilleur, la mère, car j'ai grand soif.

— Voilà! voilà, monseigneur, pensant que vous deviez être fort altéré par la grande chaleur, en revenant de donner à votre cheval bonne litière et provende, j'ai visité mon cellier en votre intention, afin de retirer de derrière les fagots les bouteilles que vous voyez... Vous allez me goûter cela, et m'en dire des nouvelles. Tout en parlant ainsi, l'aubergiste, qui avait arraché le bouchon d'une bouteille, crasseuse et barbue, versait à plein verre un vin dont la couleur limpide et vermeille prévenait en sa faveur.

—Fichtre, mon cher, voilà d'excellent vin! Du Vieux Saint-Georges, je n'en ai bu de ma vie qui le surpasse en qualité. Sambleu! c'est du vin de roi... Où diable vous êtes-vous procuré ce nectar? demanda le mousquetaire, en faisant claquer sa langue.

— Ma foi! monseigneur, le baril qui le contenait, m'a été apporté ici un matin, par Jean le bûcheron, jeune garçon éveillé et surtout très-brave, qui m'a assuré avoir été le prendre effrontément dans les caves du château du Diable.

— Le château du Diable! qu'est-ce que ça! fit le mousquetaire en riant.

— Comment, mon jeune seigneur, vous ne connaissez pas le château du Diable qui est situé à un quart de lieue d'ici dans la forêt, au beau milieu de la clairière des Trois-Bornes.

— Je n'en ai jamais entendu parler, et par une excellente raison, c'est que je viens aujourd'hui dans ce pays pour la première fois de ma vie. Çà, expliquez-moi, pendant que je vais souper, ce qui a valu à ce château cette diabolique dénomination, comment ses caves contiennent d'aussi bons vins, et qu'il est permis au premier venu de s'en emparer.

— C'est une terrible histoire, monseigneur, et je vais vous conter çà... Perrette, hâte-toi de servir notre hôte, qui m'écoutera tout en mangeant.

— Y penses-tu, d'effrayer ainsi monsieur par de semblables récits, comme si ce n'était déjà pas assez que ce maudit diable qui chaque nuit fait vacarme dans le château, soit la cause que les voyageurs prennent une autre route, afin d'éviter de passer dans son voisinage; ce qui ruine notre auberge en éloignant le monde de la contrée, depuis deux ans que cela dure.

— Dame Perrette, laissez parler votre mari, sans danger pour moi, qui ne crois pas plus au diable qu'à ses cornes.

— Hum ! mon jeune seigneur, prenez garde, car le démon qui s'est emparé de ce malheureux château, est un diable de la plus mauvaise espèce, qui sait tout ce qui se passe et dit dans le canton, fait mille niches plus désagréables les unes que les autres à ceux qui parlent mal de lui, et si le gaillard vous entendait médire sur son compte, vous pourriez avoir à vous en repentir demain en traversant la forêt.

— Voyons l'ami, dites-moi d'abord quel est ce château ensorcelé, et à qui il appartient, demanda le mousquetaire.

— A M. le baron de Verteuil, qui après la mort de sa tante en a hérité, ainsi que de plusieurs terres considérables qu'il est en train de visiter en ce moment, afin de faire connaissance avec ses propriétés et ses nombreux fermiers.

— Ce baron n'est-il pas encore venu visiter son château ensorcelé?

— Doux Jésus ! il se gardera bien, je pense, d'après tout ce qu'on lui écrit concernant l'ensorcellement de ce domaine, de venir le disputer au diable.... Ensuite que voudrait-il faire de ce château qui n'a pas été habité depuis plus de trente ans, et duquel les murs aussi bien que le mobilier tombent en ruine... D'ailleurs, monsieur le baron de Verteuil voyage en compagnie de sa fille, mademoiselle Hubertine, jeune et jolie personne, qu'il ne voudrait pas effrayer en la mettant en contact avec le démon.

— Ah ça ! mon cher aubergiste, quelqu'un de votre connaissance, de ce pays enfin, a-t-il vu ce diable redouté et éprouvés de sa part quelques mauvais traitements?

— Sans doute, Blaise et Pitou, deux bucherons de la forêt et tant soit peu braconniers par habitude, deux gars déterminés. Il y aura de ça un an à la Saint-Martin, que ces deux garçons en poursuivant le gibier, se trouvèrent par mégarde près du château en question. Le premier mouvement de nos braconniers fut de prendre la fuite. Ils s'arrêtèrent cependant à une petite distance pour considérer ce lieu si redouté, puis, voyant que tout était calme, ils se rapprochèrent brin à brin de l'édifice. Piton, qui se sentait un tantinet fatigué, s'appuya sur la porte de la masure, qui, pourrie de vieillesse, tomba aussitôt en dedans avec un fracas épouvantable. Nos gars crurent pour le coup voir fondre sur eux tous les diables de l'enfer, mais le bruit ayant cessé, ils se rassurèrent un peu. La porte, en tombant, leur découvrit une grande cour, environnée de plusieurs bâtiments, dont toutes les portes étaient ouvertes. Or, Blaise et Pitou se sentirent pris d'une envie terrible de visiter cette demeure si déserte. Après avoir tenu un petit conseil, la curiosité, souvent plus forte que la crainte, les engagea à tenter cette périlleuse entreprise. Ils avancèrent d'abord la tête, marchant lentement, s'arrêtant à chaque pas; ils parvinrent enfin au milieu de la cour. Tout à fait enhardis, ils pénétrèrent dans une salle basse, d'une grandeur prodigieuse et entièrement meublée. De là, ils montèrent un grand et bel escalier, parcoururent plusieurs appartements qu'ils trouvèrent richement meublés, garnis de lits superbes, un peu antiques à la vérité. Ce qui tranquillisait un brin les deux curieux, c'est qu'ils avaient entendu dire que le diable ne faisait son vacarme que dans la nuit. Le hasard les conduisit dans un vaste cellier, tout garni de grosses futailles, qu'ils jugèrent pleines de vin, et, comme tous deux mouraient de soif, ayant heureusement rencontré un broc, ils se mirent en devoir de percer un tonneau; mais qu'elle fut leur surprise de rencontrer une résistance extrême, comme si chaque pièce eût renfermée des pierres de taille. Blaise et Pitou, à force de cogner, brisèrent enfin cet obstacle et la liqueur coula. Ils burent alors à la santé du diable le vin qui leur parut un élixir délicieux.

Tout en buvant, nos deux ivrognes s'aperçurent cependant que le jour touchait à sa fin et qu'il était temps de déguerpir, s'ils ne voulaient se rencontrer face à face avec le démon qui avait fait sa demeure du château ; mais, Pitou se ravisant déclara à son camarade qu'il était décidé à passer la nuit dans le cellier, et que s'il ne voulait lui tenir compagnie, il était maître de s'en retourner seul au village.

Blaise, voyant cet obstination, souhaita la bonne nuit et bonne chance à

Pitou, puis il prit ses jambes à son cou et disparut.

Quand Pitou, toujours occupé à boire, s'aperçut qu'il était seul, la peur commença à s'emparer de lui, et, comme il faisait presque nuit dans le cellier, il en sortit à quatre pattes, n'étant plus en état de se soutenir tant il avait bu et que, étant arrivé au milieu de la cour, il se laissa choir sur le dos, sans pouvoir se relever.

Ce fut alors que le malheureux Pitou vit

instantanément s'illuminer les fenêtres du château, un vacarme affreux se fit entendre dans les appartements d'en haut; les meubles furent culbutés, traînés de chambre en chambre, puis des flammes sortirent des croisées, des coups de feu retentirent.

Enfin, ce bruit affreux durait depuis une heure, lorsque le malheureux Pitou à moitié mort, et n'osant ouvrir les yeux, se sentit traîner par les pieds, puis rouer de coups de bâton, au point que la douleur lui fit perdre connaissance.

Quand le jour vint effacer cette nuit infernale, Pitou rappelé à la vie par la fraîcheur du matin et par les souffrances qu'il ressentait par tout le corps, se risqua d'ouvrir les paupières pour reconnaître qu'il était couché sur un tas de cailloux, dans le bois et à deux cents pas du château.

Le malheureux, pressé de fuir, se releva à grand'peine, et s'aidant d'un bâton se mit en marche en se dirigeant vers son village, aux habitants duquel il raconta sa terrible aventure, et montra les meurtrissures dont son corps était couvert, lesquelles attestaient la vérité de ses paroles.

Depuis ce jour, mon jeune seigneur, je vous prie de croire que personne ne s'est plus avisé d'aller boire le vin du diable et même d'approcher de sa demeure, termina l'aubergiste.

— En sorte que cette propriété est entièrement abandonnée ? observa le mousquetaire.

— Oh ! entièrement !

— Et cependant, ce vin exquis que je bois sort de ces caves, et il vous a été vendu par un nommé Jean, qui, m'avez-vous dit, a eu le courage d'aller le prendre lui-même. Or, cette maison n'est donc point un sujet d'épouvante pour tout le monde, puisque ledit Jean a pu y pénétrer pour en soustraire le vin.

— Au risque d'être traité un jour, comme l'a été le pauvre Pitou, répondit l'aubergiste.

— Eh bien! moi, qui ne crois pas au

diable, et qui dans de vieux romans ai trouvé de ces châteaux dans lesquels le démon avait pris domicile, et où pénétraient de hardis chevaliers qui, au lieu du diable, y trouvaient d'audacieux voleurs lesquels, par leur vacarme, leurs flammes et le bruit des chaines qu'ils traînaient, exploitaient la crédulité des paysans, et les éloignaient par ces prestiges de leur repaire ; moi, je veux à l'exemple de ces preux, aller couper les oreilles au démon qui s'est permis d'élire son domicile dans la demeure d'autrui, et d'en disposer comme étant la sienne... Cher hôte, si vous voulez être de la partie, vous m'accompagnerez, car mon intention est de passer la nuit dans le château de M. le baron de Verteuil.

— Monseigneur, vous ne ferez pas cela, si vous tenez à la vie, s'écria l'aubergiste effrayé.

— Je le ferai, sambleu, et si vous vous sentez du cœur, vous viendrez m'y retrouver demain matin pour goûter avec moi les vins du prétendu diable que je livrerai pieds et poings liés à la prévôté du canton.

— Encore une fois, monseigneur,

gardez-vous d'une pareille imprudence, et ne me faites pas repentir de vous avoir parlé de ce château maudit, reprit le bon aubergiste les mains jointes.

— Comme je m'appelle André, marquis de Beaulieu, je le ferai, vous dis-je, et vous allez, sans plus de raisons, m'indiquer le chemin le plus court pour atteindre le château, disait le mousquetaire d'un ton ferme et décidé, tout en fouillant dans sa valise pour en sortir deux pistolets à double coup, qu'il mit dans les poches de sa lévite.

— Allez donc, monsieur le marquis, puisque telle est votre volonté ; mais s'il vous arrive malheur, souvenez-vous qu'il n'y aura rien du ma faute, puisque je vous aurai prévenu du danger.

— Cher hôte, donnez-moi une lanterne, reprit le jeune homme, et en cas de mort, acceptez ce louis d'or pour solde de mon souper que j'ai trouvé excellent, ma foi. A propos, ayez bien soin de mon cheval surtout, car demain j'aurai besoin de le trouver pour me transporter à Bonnétable. Allons, mon cher hôte, ne faites pas cette mine piteuse, et venez m'indiquer mon chemin.

L'aubergiste et sa femme, voyant qu'il n'y avait pas moyen de changer la détermination du marquis le laissèrent libre d'agir; le mari, prenant son courage à deux mains, l'accompagna jusqu'à l'entrée d'une petite route percée à travers le bois, en lui disant qu'elle le conduirait juste à la porte du château, et ne se sentant pas le courage d'aller plus loin, il le quitta pour retourner chez lui le plus lestement possible.

André de Beaulieu s'enfonça sans hésiter dans le chemin sombre et tortueux que venait de lui indiquer son hôte, où il marcha d'un pas pressé l'espace d'un quart d'heure pour atteindre enfin la clairière sauvage au milieu de laquelle s'élevait le château qu'il cherchait et qui, certes, ne méritait guère le nom pompeux dont on l'avait baptisé, car ce n'était, proprement dit, qu'une masse de constructions informes groupées ensemble, dont l'entrée principale offrait un portail taillé en ogives d'une forme lourde et disgracieuse.

Comme la porte de cette demeure n'existait plus ou du moins, qu'elle pourrissait étendue sur la terre, André n'éprouva d'autres difficultés pour pénétrer dans la cour, qu'éclairaient à ce moment les pâles rayons de la lune, que celle d'écarter les chardons gigantesques qui en obstruaient le passage. De la cour, notre hardi mousquetaire, en ayant soin de faire le moins de bruit possible, pénétra dans les salles basses, et, guidé par sa lanterne sourde, il atteignit le vaste escalier qui le conduisit dans les appartements du haut, qu'il parcourait depuis quelques instants au hasard, lorsqu'il entrevit au fond d'un long couloir une petite lumière qui allait et venait.

André de Beaulieu, voyant un homme qui s'avançait de son côté un flambeau de résine à la main, s'empressa de cacher sa lanterne sous son manteau, et de se jeter dans un renfoncement d'où, sans être vu, il pouvait distinguer le personnage mystérieux.

C'était un jeune homme de vingt-six ans au plus, à la mine ouverte et joyeuse, lequel en s'avançant fredonnait un gai refrain; sa mise était celle d'un paysan, une peau de bouc lui couvrait les épaules et la tête de l'animal, après laquelle on avait laissé les cornes, lui servait de coiffure.

— Voilà un maître diable qui ne me produit pas l'effet d'être bien dangereux, murmurait notre mousquetaire tout en suivant à pas de loup son personnage qu'il vit entrer dans une chambre où flambait un grand feu dans une vaste cheminée devant lequel tournait plusieurs viandes, tant gibier que volaille.

Aa milieu de la chambre était une table de chêne sur laquelle le prétendu diable, après s'être assuré du degré de cuisson de son rôti, s'empressa de placer quatre assiettes, autant de fourchettes et de verres, toujours en sifflottant son petit refrain.

— Voilà un gaillard qui se dispose à faire ripaille avec ses complices. Ferais-je bien de m'emparer de lui tandis qu'il est seul, ou attendrais-je qu'ils soient tous réunis?... Ils seront quatre, et la partie serait loin d'être égale, surtout si j'ai affaire à des malfaiteurs.

Après avoir ainsi murmuré, André de Beaulieu prenant son parti, se présenta hardiment au dresseur de couverts qui, en l'apercevant, fit un pas en arrière et duquel le visage exprima plus de surprise que de crainte.

— D'où sortez-vous, camarade, et

comment se fait-il que vous soyez ici à pareille heure ? s'informa notre diable d'un ton tout à fait amical pour reprendre aussitôt son ouvrage.

— Je suis un voyageur, qui se rend de pied à Bonnétable. Croyant m'abréger la route et, d'après l'indication d'un berger, je me suis engagé dans les bois qui entourent cette demeure, je m'y suis perdu et cherchais depuis deux heures un chemin pour en sortir, lorsque cette maison s'est offerte à mes regards ; en voyant les portes ouvertes, j'y suis entré en l'espoir d'y trouver une bonne âme charitable qui daignerait me donner asile jusqu'au jour, ou, à la rigueur, me remettre dans mon chemin. Or, je parcourais les immenses dédales de ce château, lorsque le bruit que vous faisiez m'a guidé jusqu'ici.

— Alors, vous avez eu une bonne idée, car non-seulement il y a ici pour vous bon souper et bon vin, puis encore un excellent lit pour vous reposer, tout cela à votre service, à la condition, seulement, qu'une fois hors de ce château, vous ne parlerez à personne, dans le pays, que vous y avez rencontré des êtres humains qui vous ont bien accueilli, mais le diable avec lequel vous avez eu maille et qui vous a contraint de déguerpir, sous peine d'être percé de ses cornes ou rôti dans un brasier.

— Ah ça, l'ami, à quoi bon faire ce conte, au lieu de vanter la bonne hospitalité que j'aurais reçue de vous ?

— Pourquoi ? et bien je vais vous le dire franchement, car vous me faites l'effet d'être un bon enfant, un gaillard spirituel et qui ne croit pas au diable.

— Non, certes, fit André en riant.

— Quelqu'un qui jugerait par les apparences croirait d'abord, en voyant quatre hommes se réunir chaque nuit dans ce vieux château, avoir affaire à une bande de voleurs. Eh bien, celui-là se tromperait fort, car, mes trois camarades et moi, nous ne sommes que de bons lurons, très-inoffensifs, habitants d'un hameau voisin, aimant la bonne chère et surtout le bon vin, et moins bêtes que les gens de ce pays, qui croient que ce château est une succursale de l'enfer et n'osent en approcher, tandis que nous autres moins bêtes qu'eux, y menons joyeuse vie, grâce au grand nombre de futailles dont les caves sont garnies et au gibier qui abonde dans ces bois, ce que nous espérons faire durer jusqu'à ce qu'il plaise au baron de Verteuil, qui vient d'en hériter de sa tante, de venir prendre possession de ce domaine en ruine dont la superstition a éloigné tons les serviteurs à la garde desquel il avait été confié.

— Ne vous appelez-vous pas Jean? demanda le mousquetaire.

— Pour vous servir... Est-ce que vous me connaissez?

— De nom; seulement, pour avoir bu d'un excellent vin provenant des caves de ce château, que vous avez vendu à certain aubergiste...

— Ah! ah! connu, le malin! En tout cas, son argent ne m'a pas fait de mal aux mains, ne lui ayant pas vendu, mais donné en faveur des jolis yeux de sa fille Tiennette, ma promise.

Comme Jean achevait ces mots, une fanfare infernale se fit entendre de la cour.

— Ah! ah! ce sont les camarades qui viennent souper, et, afin de perpétuer la légende diabolique et d'éloigner les curieux qui seraient tentés de venir troubler notre festin, exécutent un petit concert à l'aide de leurs cornets à bouquin.

Tout en disant, Jean s'était approché de la cheminée pour y prendre un tison enflammé qu'il alla jeter par la fenêtre, lequel tomba sur un amas de paille qui prit feu, et projeta une vive lueur.

— A quoi bon cet incendie? demanda le mousquetaire en regardant par la fenêtre.

— Corbléu! est-ce que le feu n'est pas l'élément du diable, comme l'eau est celui du poisson. Cette flamme inoffensive, qui s'aperçoit d'une lieue à la ronde, donnent lieu, en ce moment, à mille conjectures plus stupides les unes que les autres, et entretient nos bênets dans la crainte du démon ; aussi, pas un habitant des alentours n'oserait en ce moment mettre le pied dans la forêt quand même il serait certain d'y trouver les cassettes du roi de France.

Un bruit de pas se fit entendre, puis trois jeunes gaillards, plus éveillés les uns que les autres, entrèrent dans la chambre, où, en apercevant un étranger, leur visage prit une expression de surprise et de défiance.

— Ne craignez rien, camarades, monsieur est un voyageur égaré, un bon enfant, qui nous demande l'hospitalité et, en revanche, nous promet le secret.

Ces paroles de Jean suffirent pour ramener le sourire sur les lèvres, et le rôti ayant été servi on se mit à table, où un excellent vin, versé avec abondance, excita la gaieté des convives.

— Ça, mes nouveaux amis, vous n'êtes pas et ne pouvez être des rustres ordinaires à en juger par votre spirituelle jactance, dit André de Beaulieu, lequel réjouissait fort les propos des jeunes convives.

— Dame! jugez-en, notre ami... Moi, je suis le fils d'un bailli.

— Moi, celui d'un échevin.

— Moi, celui du contrôleur des gabelles.

— Moi, du plus gros fermier du canton, fit à son tour Jean.

— Et vous, notre hôte? demanda le fils du bailli.

— Moi, je suis André, marquis de Beaulieu, et de plus mousquetaire de la maison du roi.

Les quatre jeunes gens, surpris de se trouver en compagnie d'un si haut et si puissant personnage qu'un marquis et garde du roi, se levèrent vivement pour saluer André, qui paya ces marques de respect d'un violent éclat de rire, et, après les avoir engagés à se rasseoir, prit le broc pour leur verser rasade.

— Mes amis, à notre santé ! et, qu'entre nous, le verre en main, règne l'égalité, reprit le mousquetaire en trinquant avec ses hôtes, qui, encouragés par ce sans façon débonnaire, reprirent leur entretien.

La troisième heure du matin tintait au

loin, lorsque nos cinq convives s'endormirent sur leurs chaises, et il en était six, lorsque notre mousquetaire, la tête un peu lourde, se sépara de ses compagnons, après leur avoir fait la promesse de revenir dans trois jours trinquer avec eux.

Le marquis de Beaulieu retourna donc à l'auberge, afin d'y prendre son cheval dans le dessein de continuer son voyage. Du plus loin qu'il l'aperçut, l'aubergiste s'empressa d'accourir à sa rencontre pour l'examiner de la tête au pieds, afin, sans doute, de s'assurer s'il était au grand complet.

— Enfin, vous voilà, monseigneur ? Doux Jésus ! que vous êtes pâle et défait ! Vous avez vu le diable ? Ce maudit vous a cherché dispute, n'est-ce pas ? s'empressa de demander notre homme avec inquiétude.

— Certes, que je l'ai vu, cher hôte, et comme je vous vous vois... J'ai même eu avec lui une explication assez vive.

— Le maudit voulait peut-être vous jeter dans le brasier dont nous avons aperçu la flamme d'ici?

— Tout juste! monsieur Lucifer donnait cette nuit une fête au château à tous les diables et diablesses de son noir empire, et le drôle, pour mieux choyer ses invités, ne voulait rien moins que leur servir en ma personne, un chrétien rôti; fort heureusement pour moi, que son cuisinier a trouvé que, vu mon âge, je serais par trop coriace et ferais un fort mauvais manger.

— Holà! fit l'aubergiste avec effroi. Ça, monseigneur, comment vous êtes-vous échappé de ses griffes?

— En consentant à servir d'échanson à sa société à laquelle j'ai versé à boire toute la nuit; puis, le jour venu, après m'avoir remercié à grands coups de cornes, le maudit m'a mis à la porte du château avec recommandation de n'y remettre jamais les pieds... A propos! il vous en veut beaucoup, cher aubergiste.

— A moi? que lui ai-je fait, mon doux Jésus! à ce vilain damné?

— Il prétend que vous avez acheté du vin que lui a volé un nommé Jean, auquel, en punition, il se propose de tordre le cou.

— Voyez-vous ça! fit l'aubergiste au comble de l'effroi. Hélas! s'il allait lui prendre la fantaisie de m'en faire autant, ajouta-t-il d'un air piteux.

— Telle est aussi son intention s'il vous arrive jamais d'approcher de sa demeure.

— Mon doux Sauveur ! je n'aurai garde ! répliqua le pauvre homme en se signant.

CHAPITRE DEUXIÈME.

II

Le lutin du château.

Un mois après les événements qu'on vient de lire, M. le baron de Verteuil, ainsi que sa fille, mademoiselle Hubertine, jolie blonde, âgée de seize ans, douée d'un charmant visage et d'un corps parfait, après avoir parcouru leurs nombreux domaines, s'étaient enfin décidés à venir visiter leur château du Maine. Les paysans des villages situés dans cette seigneurie vinrent en troupe au-devant d'eux, en les suppliant de ne pas aller loger dans le château qui, outre qu'il n'était qu'une vieille masure, n'avait point été habité depuis plus de trente ans, parce que le diable s'en était emparé.

— Toutes les nuits, ajoutèrent les paysans, on y entend un affreux tintamarre, on en voit sortir des flammes capables de brûler une province entière. Ce que nous vous disons, monseigneur, est si vrai, que personne dans le canton n'ose en approcher d'une lieue, et que dernièrement, un mousquetaire du roi ayant commis l'imprudence d'y pénetrer une nuit que le diable donnait bal et festin, le malheuraux mousquetaire a failli être mis à la broche.

— Je vous remercie, mes amis, de l'intérêt que vous me témoignez ; mais, je vous dirai que ce diable, qui s'était emparé de mon château, apprenant que je voulais venir l'habiter, s'est empressé de m'écrire qu'il allait en déménager afin de me laisser la place libre, et que je pouvais m'y présenter lorsque bon me semblerait. Quant au mauvais état dans lequel il est, rien de plus facile que d'y remédier avec de l'argent et des bras, ce dont je vais m'occuper au plus vite. ayant appris que mes bois sont des plus giboyeux et mon intention étant d'y courre le cerf et le sanglier, répondit le baron à ses vassaux ébahis, pour ensuite remonter dans sa berline et, suivi de ses nombreux valets, tous à cheval, se diriger vers son domaine.

M. le baron de Verteuil, petit homme,

frisant la cinquantaine, taillé en poussah, était loin d'être un esprit fort et quoi qu'il eût dit à ses paysans, ce n'était pas sans éprouver une secrète inquiétude qu'il se rendait dans un château sur le compte duquel couraient des bruits aussi diaboliques; le baron, en accomplissant cet acte courageux en dépit de sa volonté, ne faisait que céder aux vo- volontés de sa fille Hubertine, dont les histoires surnaturelles, débitées sur le compte du vieux château, avaient excité au plus haut degré l'esprit exalté et romanesque.

— Hubertine, quel dommage, mon

enfant, que tu aies refusé tant de fois de te marier; comme aujourd'hui un gendre, fort et vigoureux, me serait précieux pour m'aider à prendre tranquillement possession de mon domaine, et d'en chasser les mauvais esprits qui s'en sont emparés, disait le baron à la fille tout en roulant à travers les bois.

— Quoi! mon cher père, auriez-vous peur des lutins? D'ailleurs, celui qui en notre absence s'est installé dans votre seigneurie ne vous a-t-il pas écrit une lettre charmante, dans laquelle il vous dit que vous pouvez venir en paix reposer dans votre château, qu'il n'est point, ainsi que le disent vos vassaux, un méchant diable jetant feu et flamme, mais bien le lutin protecteur du foyer, tout disposé à nous garantir contre les accidents qui pourraient menacer votre personne ainsi que la mienne?

— Chère enfant, ce n'est ni du diable ni du lutin que j'ai peur, personnages idéals enfantés par le cerveau dénué de caractère et d'instruction, mais que tu ne t'ennuies dans cette mâsure enterrée au milieu des bois. Or, si tu m'en croyais, nous rebrousserions chemin et retournerions au Mans.

— Volontiers, mais après que nous aurons visité le château et fait connaissance avec ses hôtes mystérieux.

— Est-ce que par hasard, toi, un esprit fort, tu ajouterais foi à l'existence de ces êtres surnaturels ?

— Pas positivement, mon père, et cependant...

—Hubertine, ma chère fille, si tu veux m'en croire, moi, ton père, chargé de veiller sur ton repos, nous n'irons pas à ce maudit château.

— Nous y voilà, pourtant, bon père, répliqua en riant la jeune fille, comme la berline entrait dans la cour du vieux manoir dont l'herbe touffue qui couvrait la terre, amortissait le bruit des roues et embarrassait le pied des chevaux.

Le baron descendit de voiture en

tremblant, dans les murs de son nouveau domaine, dont l'aspect délabré redoublait sa frayeur, quoique la gaîté que manifestait sa fille, dût l'encourager.

Ce fut escorté de tous ses gens, au nombre de dix, qu'il consentit à visiter les appartements où, à sa grande surprise, il trouva le mobilier en ordre et dans un état de conservation et de propreté qui excita sa surprise au dernier degré.

— Vous avouerez, avec moi, cher

père, que notre locataire nous a laissé, en se retirant, les lieux en fort bon état, dit Hubertine en souriant.

— Je suis forcé d'en convenir... Allons! allons, ceci me prouve que nous avions affaire à une assez bonne pâte de diable, et me dispose bien en sa faveur.

— Mais remarquez donc, cher père, qu'il a poussé la galanterie jusqu'à garnir les vases de fleurs et de fleurs toutes fraiches cueillies encore, s'écria Hubertine en allant prendre une rose dans l'un des vases du Japon qui ornait la cheminée, pour la respirer avec délice.

— Elle sent le soufre, n'est-ce pas petite?

— Non, mon père, elle a tout son parfum naturel, vrai, je suis satisfaite de notre lutin, et je pense le remercier si jamais il daigne se rendre visible à mes regards.

— Dieu te préserve enfant d'une pareille vue, dit le baron.

— Vous le supposez donc bien laid? Moi, je me le représente sous la figure d'un beau jeune homme blond, aux yeux bleus remplis de douceur, aux traits fins et vermeils, d'une taille gracieuse et svelte, avec un cercle d'or autour de la tête, et vêtu d'une robe de lin d'une éclatante blancheur, qui lui descend jusqu'aux pieds, dit Hubertine.

Voyant leurs maîtres rassurés, les valets s'étaient mis à l'œuvre pour préparer un dîner à la suite duquel le baron et sa fille, voyant que tout se passait en paix et le plus naturellement possible, se décidèrent à prendre un repos que la fatigue qu'ils ressentaient rendait très-nécessaire, ce qui n'empêcha pas le gentilhomme de faire coucher un de ses gens dans sa chambre avec défense d'éteindre la lumière. Quant à Hubertine, elle s'endormit dès qu'elle eut la tête sur l'oreiller. Le lendemain matin en s'éveillant, grande fut la joie du baron de se retrouver sain et sauf dans son lit que doraient les rayons d'un soleil radieux. Quant à notre jolie fille, lors de son réveil, grand aussi fut sa surprise de se trouver dans la main un charmant bouquet de roses avec ces mots écrits sur le ruban de soie qui l'attachait : De la part du lutin protecteur de la belle Hubertine. Amour et constance.

— Quoi! il m'aime déjà! Ah! que je voudrais donc le connaître! soupira Hubertine en respirant les fleurs que lui avait donné le mystérieux amant.

La journée se passa sans qu'aucun

accident fâcheux ou surnaturel vint la troubler. Les paysans des environs qui, bien convaincus que leur seigneur, sa fille et leurs gens, devaient tous avoir été croqués par le diable, s'étaient cependant enhardis à s'approcher du château où leur surprise fut grande en retrouvant tous ses habitants entiers et guillerets.

— Soyez les bienvenus, mes chers vassaux, quoique vous soyez tous des imbéciles qui avez cherché à m'effrayer afin de m'éloigner de mon domaine en l'espoir sans doute de vous le partager.

Vous saurez, manants, que votre seigneur a parfaitement soupé, parfaitement dormi et que le diable ne l'a dérangé en aucune façon. Or donc! à l'ouvrage, poltrons que vous êtes, rustres superstitieux, hâtez-vous de relever mes murs, de remettre mes portes en place.

Ainsi s'exprima le gentilhomme, puis maçons, menuisiers, serruriers, s'empressèrent le même jour de se mettre à l'œuvre.

Hubertine, dans le cours de cette

même journée, s'était plu à parcourir le parc d'un air rêveur, son bouquet de roses à la main, à s'arrêter au bord des ruisseaux, des fontaines, sous l'ombrage des arbres, et là, de murmurer d'une voix douce et plaintive :

— Aimable petit lutin, je suis seule. Parais, montre-toi à mes regards! Lutin, viens sans crainte, ma voix t'appelle, mon cœur te désire !

Mais hélas! ce fut en vain que notre jolie fille réitéra son invocation, le lutin demeura sourd et insensible à ses vœux.

Lorsque la nuit fut venue ainsi que l'heure du repos, Hubertine se retira dans sa chambre où après s'être accoudée quelques instants sur le balcon de la fenêtre afin d'y respirer l'arôme des fleurs que lui apportait le zéphyr qui agitait les boucles de sa blonde chevelure, Hubertine après avoir écouté le chant du rossignol qui roucoulait dans un buisson voisin, le murmure des eaux qui s'échappaient de leurs sources, rentra dans la chambre, ferma sa fenêtre et se mit au lit.

Il y avait une demi-heure à peine que la jeune fille plongée dans l'obscurité, se livrait à mille pensées en attendant que le sommeil vint s'emparer de ses sens, lorsque le bruit d'un soupir vint frapper ses oreilles. Hubertine effrayée s'accouda sur son oreiller et ses yeux essayèrent de percer l'obscurité.

— Qui donc soupire ici? demanda-telle à haute voix après avoir entendu le même bruit une seconde fois.

— Hubertine, n'ayez nulle frayeur, c'est un ami, c'est votre lutin protecteur que vous avez appelé aujourd'hui et qui se rend à vos vœux, fit une voix douce.

— Vous, le lutin de ce château, mon ami, dites-vous? Alors montrez-vous à moi, qu'il me soit permis de vous connaître, de vous voir... Où donc êtes-vous ! disait la jeune fille en étendant les bras autour d'elle.

— Ne désirez pas de me voir, Hubertine, car je suis et dois être invisible tant que notre grand chef, l'esprit supérieur qui nous gouverne, ne m'aura pas permis de me montrer à vous... Contentez-vous de m'entendre vous dire : Hubertine, je vous ai vue hier pour la première fois et votre vue a rempli mon cœur d'un brûlant amour. Hubertine, je vous aime !

— Vous m'aimez, moi, une simple mortelle, lorsque vous êtes un génie, une puissance surnaturelle.

— Oui, je t'aime et toi, veux-tu m'aimer, jeune fille, alors je serai doublement heureux.

— Hélas! peut-on aimer ce qu'on ne voit ni ne connait... Montrez-vous et alors je consulterai mon cœur.

— Je t'ai déjà dit, jeune fille, qu'il me fallait obtenir la permission du grand maître pour satisfaire tes désirs, sous peine de perdre ma puissance et l'immortalité.

— Eh bien! demandez-la lui.

— Je te le promets, Hubertine. Veux-tu placer ta main dans la mienne en signe d'amitié?

— Volontiers, mais tu ne me feras pas de mal?

— Quelle question oses-tu adresser à celui dont le plus brûlant, le plus sincère désir est de se faire aimer de toi... Allons, sois confiante, Hubertine.

La jeune fille hésita un instant encore et tendit au hasard une petite main blanche et potelée dont s'empara le lutin pour la porter à ses lèvres et y déposer un tendre mais respectueux baiser.

— En effet, tu n'as pas de griffres et tes mains sont fort douces, mon petit lutin.

— Je n'ai même pas de cornes; tiens, tâte, reprit l'esprit en plaçant la main d'Hubertine sur sa tête où elle ne rencontra qu'une chevelure soyeuse et bouclée.

— Décidément, tu n'es pas le diable.

— Non, car le diable est méchant et moi je suis bon.

— Cependant tu as fait bien des malices à nos pauvres vassaux, qui n'osaient aborder cette demeure en notre absence.

— Si je n'avais éloigné ces gens-là de ton château, ils te l'auraient détruit de fond en comble, mon ange, et même emporté les pierres. Ne me reproche donc pas d'avoir agi dans tes intérêts.

En disant ainsi, le lutin, qui d'abord s'était tenu debout dans la ruelle, se posa au bord du lit toujours en tenant la main d'Hubertine qu'il ne cessait de caresser.

— Dis-moi, es-tu donc tellement attaché à ce domaine que tu ne puisse me suivre si je m'en éloignais? interrogea la jeune fille.

— Je te suivrais, mon bel ange, mais reste ici le plus longtemps possible, on est si bien au milieu des bois et des fleurs.

— D'accord, mais l'hiver... observa Hubertine.

— Nous gagnerons la ville où tu me permettras de te suivre.

— Très-volontiers, car j'aime peu à me séparer de mes amis.

— Et je suis des tiens?

— Pourquoi pas?

— Hubertine, veux-tu que je t'embrasse?

— Oh! non, cela me ferait peur.

— Alors, tu ne m'aimes pas.

— Au contraire ! je ne sais ce qui m'entraîne vers toi, mais il me semble que je t'aime déjà et que je t'aimerai encore plus lorsque je t'aurai vu, car enfin je ne sais comment tu es fait, si tu es beau ou laid, noir ou blanc.

— N'y aurait-il que la beauté qui fut capable d'émouvoir ton cœur, et ne tiendrais-tu pas compte des qualités de l'âme ?

— Non pas, mais on est bien aise de savoir que celui qu'on aime n'est pas un monstre.

— Eh bien! que je sois beau ou laid, cours ce soir la chance d'un baiser et demain je consens à être visible pour toi.

— Mais c'est un péché que tu veux me faire commettre; une jeune fille ne doit pas se laisser embrasser par un garçon, observa Hubertine.

— C'est vrai ce que tu dis-là... Alors, ce n'est pas l'amant qui désire t'embrasser, mais un ami, et le baiser d'un ami est sans conséquence aucune.

— Alors, embrasse-moi, mais ne me brûle pas surtout, petit lutin.

Alors, duement autorisé, l'esprit se pencha sur la jolie fille, dont il entoura le cou d'un bras caressant, puis ses lèvres comprimèrent les siennes avec amour; seulement, au lieu d'un baiser, l'effronté lutin en prit une douzaine.

— A propos, quel âge as-tu, méchant lutin? s'informa Hubertine.

— Quatre mille ans.

— Quatre mille ans! mais alors, tu es vieux comme le monde et tu oses m'aimer, m'embrasser? Fi !

— Oublies-tu que les immortels ont le privilége de ne jamais vieillir? répondit le lutin.

— N'importe, je veux m'assurer par mes yeux si vous n'êtes pas caduc et ridé, fit la jeune fille.

— Demain, tu sera satisfaite, chère Hubertine; demain, entends-tu?

Et comme l'horloge du château frappait à ce moment la douzième heure de la nuit, le lutin lâcha la main d'Hubertine en lui disant :

— Le maître suprême m'appelle ! Adieu, adieu !

Puis une petite flamme bleue apparut au regard surpris de la jeune fille, pour s'éteindre aussitôt. Hubertine, afin de s'assurer que l'esprit s'était envolé, lui adressa de nouveau la parole, mais tout demeura silencieux.

— Eh bien, chère fille, tu le vois, encore une nuit paisible ; pas plus de diable que dessus ma main, disait le baron tout joyeux à Hubertine en se frottant les mains d'aise... Mais, qu'as-tu donc, mon enfant, tu me parais triste et pensive ; serais-tu malade?

— Non, mon père; un peu fatiguée seulement, répondit la jeune fille dont le visiteur nocturne captivait la pensée en ce moment.

Cette journée se passa à recevoir

plusieurs gentilshommes du voisinage, qui, rassurés sur le compte du diable du château, s'étaient risqués à venir s'asseoir à la table du riche baron, mais qui, la nuit étant venue, s'empressèrent de déguerpir pour regagner leur donjon.

Hubertine, qui attendait avec une vive impatience l'instant de se retirer chez elle, en entendant sonner neuf heures, s'empressa de quitter son père, sous le prétexte d'une violente migraine.

Notre jeune fille, à qui le lutin avait promis de se montrer cette nuit là, ne savait si elle devait se coucher, car sa pudeur lui disait qu'il n'était pas décent de recevoir un jeune homme au lit. Hubertine, indécise, s'était jetée dans un vaste fauteuil, et là, elle attendit qu'il plût à son lutin d'apparaître ; les yeux fermés, elle se livrait à mille pensées diverses, lorsqu'un léger bruit qu'elle entendit du côté de son alcove lui fit subitement ouvrir les paupières, pour apercevoir au milieu de la chambre un jeune homme d'une taille élégante, dont les cheveux d'un noir de geai tombaient en grosses boucles sur les épaules ; un cercle d'or lui ceignait la tête, une légère moustache ornait ses lèvres souriantes ; son costume se composait d'une tunique bleu de ciel et lui descendait jusqu'au pieds qu'il avait nus.

La jeune fille, d'abord effrayée, s'enfonça dans son fauteuil en refermant les yeux, qu'elle r'ouvrit presque aussitôt pour contempler cet être surnaturel dont la beauté et le sourire bienveillant et gracieux la rassura bein vite.

— Hubertine, tu as demandé à me

voir, j'ai promis de satisfatre ton désir : me voilà ; regarde-moi sans crainte, car je suis ton ami.

En disant ainsi, le beau lutin s'était approché d'elle pour la prendre par la main, afin de l'attirer dans ses bras.

— Oh ! laissez-moi vous contempler... Oui, vous êtes beau, tel enfin que vous créait mon imagination, disait Hubertine en regardant le lutin des pieds à la tête, en touchant ses cheveux, sa robe de fine laine et couleur des cieux.. Oui,

oui, tu es bien beau! répéta-t-elle en s'abandonnant aux caresses de l'amoureux lutin.

Les entrevues nocturnes de nos deux amants se renouvelèrent chaque nuit durant l'espace d'un mois; puis, une nuit, le lutin ne revint pas, ni les suivantes, et Hubertine, désolée, compta de longues nuits passées dans les larmes et sans sommeil.

Avant de terminer ce chapitre, il ne faut pas que nous omettions de dire que le mousquetaire André, marquis de Beaulieu, n'avait pas quitté l'auberge où nous l'avons connu, et qu'un matin en rentrant, l'aubergiste lui remit une lettre qui arrivait de Paris. André en brisa vivement le cachet, puis après avoir lu :

— Vite, mon cheval! il faut que je sois à Paris demain soir, sous peine de passer pour un lâche déserteur! s'écria le jeune homme, qui, un quart d'heure plus tard, courait à franc étrier sur la grand'route.

CHAPITRE TROISIÈME.

III

Un nouveau-né.

La deuxième heure du matin venait de sonner à l'église de Vibraye, petit village situé à une demi-lieue de la ville du Mans, lorsqu'une carriole d'osier, traînée par un gros cheval de labour, s'arrêta devant la maison du médecin dudit village. Une jeune et accorte jeune fille sauta lestemenent bas de la carriole, pour frapper à grands coups de poing sur la porte du docteur, porte que vint ouvrir une servante à moitié endormie.

— Votre maître nous attend, n'est-ce pas ? demanda la jeune fille.

— Certainement, il est là-haut... Est-ce que vous amenez la personne ?

— Oui, elle est là ; elle souffre, et ça presse.

— Eh bien, hâtons-nous de l'aider à descendre.

Les deux femmes s'avancèrent alors de la carriole, d'où sortit une jeune femme, dont les traits contractés trahissaient les souffrances auxquelles elle était en proie, et que la servante du médecin, grande et robuste campagnarde, prit dans ses bras pour l'emporter dans la maison et aller la déposer sur un lit. Il était temps, car, quelques instants après, cette jeune femme, assistée de l'homme de l'art, donnait le jour à un enfant du sexe masculin, lequel saluait par ses vagissements le bonheur, ou pour mieux dire le malheur, de venir augmenter le nombre des malheureux qui fourmillent sur ce globe appelé la terre.

Dans la matinée qui suivit l'enfantement, après s'être reposée de ses souffrances et de ses fatigues, la jeune accouchée fit appeler le curé du village, digne ministre de Dieu, vénéré et adoré de ses ouailles dont il était l'ami et le consolateur dans les mauvais jours, lequel s'empressa de fermer son bréviaire, de quitter son modeste foyer et de suivre la jeune servante qui venait le quérir pour se rendre auprès de la nouvelle mère, à laquelle, en s'approchant, il adressa un sourire tout plein de bienveillance.

— Eh bien! mon enfant, nous voilà donc libéré de ce petit et incommode fardeau. Ah! çà, c'est un garçon, m'a dit Claudine, votre servante?

— Oui, un garçon. Je vous ai fait mander, mon vénérable ami, pour que vous vinssiez à mon secours, vous mon confident, mon consolateur, qui m'avez promis votre protection.

— Chère enfant, je suis tout à vous, je n'ai pas oublié, disposez de moi.

— Mon ami, vous allez devenir le père, l'ange gardien de cet enfant bien aimé dont le sort me contraint de me séparer, cet enfant, non le fruit d'une faute volontaire, mais celui d'une lâche séduction et de l'inexpérience. Vous m'avez promis de l'élever, d'en prendre soin, de lui cacher sa naissance jusqu'au jour où libre enfin de disposer de ma volonté, je pourrai l'appeler à moi, le nommer mon fils et l'inonder de mes caresses. Faites donc, mon père, et je prierai Dieu du plus profond de mon cœur de vous récompenser de tout le bien que vous aurez fait à mon fils.

— Hubertine, quoi que ce soit une lourde tâche que vous m'imposez, je saurai la remplir, le ciel m'aidant en prolongeant mes jours. Votre secret est dans mon sein, il n'en sortira pas. Allez donc en paix, pauvre victime, car j'aimerai votre enfant comme s'il était le mien et m'efforcerai de faire un petit ange de ce fils de lutin. Quant à vous, ma fille, loin de ralentir vos efforts, faites continuer les recherches, car peut-être votre séducteur n'est-il pas sans éprouver quelques remords de l'impie stratagème dont il s'est servi pour vous abuser, peut-être bien qu'une force majeure l'aura contraint à s'éloigner de vous précipitamment et sans lui laisser le temps de vous en prévenir. Ce jeune homme, m'avez-vous dit, vous a paru noble et plein de distinction, son langage est celui d'un homme du monde; vous, vous êtes jeune, belle, très-riche, or je ne vois pas ce qui pourrait mettre obstacle à un lien légitime entre vous et lui, peut-être même est-ce le désir de cet homme, que la honte retient sans doute loin de sa victime, mais que l'espoir d'un pardon ramènerait à ses pieds.

— Je ne l'espère pas, mon père, car s'il en était ainsi, il pouvait m'écrire, se faire connaître et il n'en a rien fait. Non, pas un mot de lui, pas un espoir, pas une consolation, rien que le silence et l'oubli. Ah! cet homme est un infâme! prononça Hubertine avec douleur et résignation.

— Espérez, espérez, mon enfant! Dieu qui dispose de nos cœurs, placera peut-être dans celui de cet homme, le souvenir de sa victime.

— Mon père, que la volonté de Dieu s'accomplisse... Maintenant, veuillez recevoir cette bourse qui renferme mes économies de jeune fille, afin de les consacrer aux premiers besoins de mon enfant, fit Hubertine en remettant aux mains du bon prêtre une bourse pleine d'or.

Le jour où eut lieu cet entretien, la

jeune fille qui ne pouvait prolonger davantage son absence du toit paternel, quoique souffrante, remonta dans la carriole qui l'avait amenée et regagna la ville du Mans, dans laquelle était situé l'hôtel de son père le baron de Verteuil.

CHAPITRE QUATRIÈME.

IV

Vingt ans après.

Par une belle matinée de l'année 1741, une chaise de poste entrait dans la bonne ville de Paris pour aller s'arrêter dans la vaste cour d'un riche hôtel de la rue Saint-Louis-au-Marais, non loin de la place Royale; de cette voiture qu'avait blanchie la poussière d'une longue route, descendit d'abord un vieillard en cheveux blancs, à la figure douce et vénérable, qu'à son costume on reconnaissait tout de suite pour un homme d'église, puis ensuite un petit jeune homme d'une vingtaine d'années possesseur d'une jolie figure ornée de deux grands yeux noirs, d'une petite bouche et de deux rangées de dents blanches et fines. Ce jeune homme paraissait être la douceur et la modestie personnifiée à en juger par l'expression timide de son regard. A leur descente de voiture, ces deux personnages furent accueillis avec joie et considération par un homme d'une cinquantaine d'années ainsi que par une dame de trente-six ans à peine dont la figure belle et noble avait conservé toute la fraîcheur de la jeunesse.

— Enfin vous voilà donc, mon cher M. Renaud? Suivant nos conseils, vous vous êtes enfin décidé à quitter votre cure et votre village de Vibraye pour amener votre jeune élève à Paris? Soyez tous deux les biens venus, vous en qualité d'ancien ami de ma femme madame la comtesse d'Auberville et vous aussi, mon cher Julien, à qui nous portons le plus vif intérêt, et voulons tenir lieu de la famille qui vous manque, pauvre orphelin! ainsi disait le comte d'Auberville en prenant les mains des deux voyageurs qu'il introduisait dans le grand salon de son hôtel.

— Avez-vous fait un bon voyage, mon cher pasteur? s'informa à son tour la comtesse dans les yeux de laquelle brillait la joie la plus vive.

— Parfait, madame, sans que le moindre accident ne nous soit arrivé, répliqua le vieux curé.

— Et vous, Julien, êtes-vous content de venir habiter Paris afin de vous y former aux usages du beau monde?

— Oui, madame, surtout près de vous qui êtes si bonne et avez veillé sur mon enfance comme si vous étiez ma mère, ma mère que je n'ai jamais connue, soupira tristement le jeune homme.

— Pardon, M. le comte, mais est-ce

qu'il se fait toujours autant de bruit dans ce Paris, que nous venons d'en entendre en venant à votre hôtel?

— Toujours, M. le curé. Paris étant une ville de boue et de bruit, ainsi que la désigne notre poëte Boileau dans ses spirituelles satyres.

— Oh! soyez sans inquiétude, mon vieil ami, car l'appartement que nous vous destinons ainsi qu'à votre jeune élève est dans une petite maison située tout près de notre hôtel et construite au milieu d'un jardin, dont le calme vous rappellera celui de votre village, mieux encore; où n'étant pas sous la même clé que nous, vous serez libre d'aller et de venir sans craindre d'importuner qui que ce soit.

— Ajoutez encore, madame la comtesse, que s'il plaît à M. Renaud de passer la belle saison aux champs, nous mettons à sa disposition notre petit château de Viroflay à trois petites lieues d'ici sur la route de Versailles et dans lequel il nous sera facile de le visiter lors de nos voyages à Versailles.

— En vérité, M. le comte, vous nous comblez de faveurs, fit le vieillard en s'inclinant.

— Mon vieil ami, vous le méritez à tous égards et beaucoup mieux que M. votre élève duquel je suis fort mécontente de ce qu'il ne m'a seulement pas embrassée, moi, sa protectrice, en arrivant ici, dit la comtesse dont le regard plein de bienveillance ne s'était pas détaché du jeune homme.

— Ah! madame, j'en meurs d'envie

mais je n'osais, répondit Julien en prenant la main de la comtesse pour la porter respectueusement à ses lèvres ; Julien que la dame attira sur son sein pour lui donner elle-même un baiser.

— Monsieur, sachez que j'exige que vous veniez m'embrasser tous les matins et me rendre compte de vos actions de la veille qui, je l'espère, seront toujours à l'abri de nos reproches. Pensez, Julien, que M. le comte mon époux ne consentira à vous continuer ses bonnes grâces et sa protection qu'à cette seule condition.

— M. le comte et vous madame, pouvez être persuadé que je m'efforcerai d'être toujours digne de votre honorable estime, répondit Julien.

— Et moi, j'ose me rendre garant, de sa bonne conduite. Oh! il tiendra sa promesse, ce cher agneau! Est-ce qu'il connaît le mal pour jamais en faire? Lui, la douceur, la soumission en personne, lui, l'ange du bon Dieu! fit le vieux curé en fixant avec amour et orgueil son élève bien aimé, l'enfant de ses soins, de sa plus tendre sollicitude.

Après le déjeûner, ce fût la comtesse elle-même, qui, pressentant que le vieillard et son élève avaient besoin de se reposer, après les fatigues d'une longue route, se chargea de les installer dans le domicile qui leur était destiné, petite maison dépendance de l'hôtel dont elle était mitoyenne, mais qui possédait une entrée à part sur la rue, charmante habitation située au milieu d'un jardin, ainsi que l'avait annoncé la comtesse, et meublée avec autant de luxe que d'élégance.

— Julien, voilà votre nouvelle demeure, mon ami, puissiez-vous l'habiter avec autant de plaisir que j'en vais éprouver en vous sachant près de moi, disait la dame en faisant parcourir la maison aux deux nouveaux venus.

— Mon Dieu, madame la comtesse, quel sentiment vous inspire donc en faveur d'un pauvre orphelin qui n'a rien fait encore pour mériter l'excès de bienveillance dont vous l'accablez ? Ah ! madame, comment reconnaître jamais vos nombreux bienfaits, votre tendre sollicitude envers moi? s'écria le jeune homme en mettant un genou à terre devant la dame, prendre sa main pour l'embrasser et la mouiller des larmes que la reconnaissance arrachait de ses yeux.

— Julien, en m'aimant, répondit la comtesse, en relevant le jeune homme pour l'embrasser de nouveau avec toute la tendresse d'une mère.

— Maintenant, enfant, reprit-elle, allez visiter votre jardin, tandis que je vais m'entretenir un instant avec votre vénérable gouverneur.

Julien salua la comtesse et se retira

pour se rendre au jardin où le conduisit un valet qui était de planton dans l'antichambre.

— Enfin, le voilà donc rendu à ma tendresse, cet enfant bien aimé qui m'a causé tant de larmes et d'inquiétude ! s'écria la comtesse joyeuse, lorsqu'elle fut seule avec le bon curé.

— Hubertine, pour me rendre à vos désirs, j'ai consenti à quitter ma cure, mon village, ce cher troupeau que je dirigeais depuis trente ans, qui pleurait en me voyant l'abandonner, tout cela par amour pour mon Julien, par pitié pour vous tendre mère qui, loin de votre fils, soupiriez nuit et jour. Soyez heureuse, ma fille, vos vœux sont satisfaits, mais par grâce soyez prudente! Ménagez vos caresses, renfermez prudemment au fond de votre cœur cette tendresse maternelle toujours prête à le déborder. Hubertine: réfléchissez que vous ne vous appartenez pas, que vous avez un maître bon, il est vrai, mais sévère dans l'époux que vous imposa il y a quinze ans, la volonté absolue de feu votre père. Ma fille, soyez prudente surtout en présence du comte, aux yeux duquel pourraient paraître étranges des caresses prodiguées par vous, à un jeune homme dont vous ne devez être que la protectrice, ainsi que cette tendre expression qui se voit dans vos regards lorsque vous admirez votre Julien. Hubertine! prenez garde!

— Oui, vous avez raison, mon vieil ami, je me contraindrai, je ferais violence à ma tendresse, mais à défaut de moi, ah! veillez bien sur mon enfant, faites en sorte d'écarter de lui jusqu'à l'apparence du moindre danger, vous son père, vous qui l'aimez autant que je l'aime !

— Reposez-vous sur ma prudence, madame.

— Maintenant que vous venez de me donner vos excellents conseils, de tranquilliser mon cœur, parlons intérêt. Vous savez, mon vieil ami que, mon père, m'ayant laissé maîtresse du bien qui me revenait de ma mère, j'ai eu la précaution, avant mon mariage, d'en distraire cent mille écus que j'ai fait placer par une main inconnue, sur la tête de mon fils, ce qui d'abord lui assure un sort heureux en attendant qu'il me soit permis de lui donner toute ma fortune puisque je n'ai pas d'enfant de mon union avec le comte d'Auberville. Ainsi donc, mon ami, vivez grandement, ne refusez rien à Julien et si votre revenu ne pouvait suffire à vos dépenses, dites-le moi et j'y pourvoirai.

— Vous en demander davantage, y pensez-vous, madame? Mais ce serait offenser Dieu; car, avec le revenu que vous mettez à la disposition de votre fils, moi je nourrirais grandement tous les bons paysans de mon village, dit le bon curé à l'observation duquel Hubertine répondit par un sourire.

Il y a déjà six mois que Julien et son gouverneur habitent la capitale et que, notre jeune héros, conduit, par le comte et la comtesse, à la cour, dans le monde, les spectacles et les bals, a entièrement changé de caractère, qui, de timide et gauche provincial qu'il était, est devenu un gai, spirituel et galant cavalier, auquel, pour être un seigneur accompli, il ne manquait que des parchemins, petit désagrément auquel avait remédié le comte et la comtesse d'Auberville en le créant chevalier de leur propre autorité, en attendant qu'il plût au roi de sanctionner ce titre, faveur qu'ils sollicitaient de la bienveillance du Souverain. Or, Julien, initié aux us et coutumes du monde, et qui plus est, devenu familier avec cet inextricable dédale de l'immense cité parisienne, allait et venait seul, à pied ou en carrosse, où bon lui prenait la fantaisie de se rendre, mais non du propre gré de son respectable professeur qui, sédentaire par goût autant que forcé par l'âge, ne s'était familiarisé ni avec le bruit, ni avec la foule, et tremblait sans cesse qu'il n'arrivât malheur à son jeune élève, pour la conservation duquel il récitait force prières lorsqu'il le savait courant par la ville.

Quant à Julien, avec le physique dont l'avait doué dame nature, ses vingt ans et de la fortune, se trouvait-il parfaitement heureux ? Non, pas entièrement, parce que le pauvre enfant éprouvait un certain besoin qu'il ne pouvait définir, et quoi que son cœur fût bourré d'amitié pour ses bienfaiteurs, Julien sentait qu'il y avait encore dans ce même cœur un vide, une place inoccupée, sans se douter, le cher innocent, que ce vide n'était autre que celui réservé par dame nature pour y nicher un peu d'amourette lorsque le jour serait venu, ce dont tarda peu à s'apercevoir notre jeune homme.

C'était par une belle matinée que Julien, un livre à la main, se promenait sous les ombrages de la Place-Royale, assez déserte à cet instant du jour et que, ayant détourné ses yeux de son livre, ses regards se fixèrent par hasard sur une jeune fille charmante, vêtue de deuil, laquelle, les yeux baissés, venait de se poser sur un banc, où, notre jeune homme, poussé par un instinct secret, fut se placer afin de mieux examiner la charmante fillette. La coupe du visage de cette jeune personne était noble et presque sévère, ses grands yeux bleus avaient une indéfinissable expression de douceur et d'affectuosité. De beaux cheveux, d'un noir de geai, se dessinaient en boucles épaisses et abondantes sur ses joues et sur son cou d'une blancheur parfaite. En voyant le jeune homme la contempler ainsi, la jeune fille ne put s'empêcher de rougir, elle allait même quitter la place, lorsque, devinant son intention, Julien s'empressa de la retenir en lui adressant ces mots d'un ton suppliant :

— Au nom du ciel! mademoiselle, veuillez demeurer, que ce ne soit pas ma présence qui vous éloigne, car je suis honnête et incapable de vous offenser en la moindre des choses.

— Ah! vous ne me faites pas peur, monsieur; mais les courts instants que je donne ordinairement à ma promenade du matin sont écoulés, et je retourne chez moi où me réclame le travail, répondit la jolie fille.

— Vous travaillez, mademoiselle, si jeune et si belle !

— Il le faut bien, monsieur, lorsqu'on est pauvre.

— Pauvre ! ah ! ce doit être un grand malheur ! Vous êtes en deuil, mademoiselle ? Auriez-vous à regretter la perte d'un père ou celle d'un bonne mère ?

— En effet, monsieur, j'ai perdu ma mère il y a six mois, et ce malheur m'a fait orpheline.

— Moi, aussi, mademoiselle, je suis orphelin ; je n'ai même jamais eu le bonheur de connaître les auteurs de mes jours et de recevoir leurs carresses... C'est pénible, n'est-ce pas? fit Julien d'une voix émue, ce qui lui valut de la part de la jeune fille un regard dans lequel se peignait la compassion.

— Au moins, il vous reste peut-être des parents, une famille pour vous consoler ; mais, moi, je n'ai personne au monde pour m'aider à pleurer ma pauvre mère!

— Mon malheur est le vôtre, mademoiselle ; car, sans un bon prêtre qui m'a élevé, qui m'aime comme son enfant, je serais seul au monde.

— C'est bien triste, oh bien triste! monsieur.

— Bien triste, en effet, soupira Julien auquel l'orpheline, qui s'était levée, adressa une révérence accompagnée des mots :

— Adieu, monsieur, pour s'éloigner

ensuite au grand regret du jeune homme, qui la laissa partir sans oser la retenir de nouveau, mais dont le regard la suivit de loin jusqu'à ce qu'elle eût disparu entièrement.

—Oh! demain je reviendrai ici! Comme elle est jolie, comme sa vue a rempli mon cœur d'un charme délicieux! Elle travaille, dit-elle! mais je ne le veux pas; je lui donnerai de l'or tant qu'elle en voudra, afin qu'elle puisse rester plus longtemps avec moi.

Après avoir dit ainsi, Julien se dispoait à reprendre la lecture qu'avait interrompue la vue de la belle inconnue, lorsqu'un jeune homme au visage souriant, aux allures, à la mise de grand seigneur, s'approcha de lui familièrement pour lui adresser ces mots :

— Pardon, monsieur, je vois que vous avez du temps à vous, puisque vous l'employez à lire pour vous distraire. Or, seriez-vous assez galant homme pour me sacrifier quelques heures, afin de me servir de témoin dans un duel qui doit avoir lieu ce matin entre un de mes amis intimes et moi?

— Très-volontiers, monsieur, si cela peut vous être utile, mais je vous préviens d'avance que je suis fort ignorant en ces sortes d'affaires, auxquelles je n'ai jamais assisté.

— Comment, vous n'avez jamais vu des gens tirer l'épée ? alors vous-même, ne vous êtes jamais battu en duel ?

— Non, monsieur ; élevé dans un village, par les soins d'un vénérable curé, et depuis six mois seulement à Paris, je n'ai eu ni le temps ni l'occasion de m'initier aux coutumes du monde, mais cela viendra sans doute. En tout cas, tel que je suis, disposez de moi, si, d'après mes aveux, vous m'en trouvez encore digne.

—Sacrebleu! vous me faites l'effet d'être un charmant et naïf garçon, dont j'accepte le concours, et duquel je serais enchanté de faire la connaissance... Comment vous nommez-vous?

— Le chevalier Julien, répondit ce dernier.

- Julien quoi?

— Julien tout court, ne m'en demandez pas davantage.

— Fort bien! Moi, je suis le marquis de Frañsac, gascon pur sang, bon vivant, aimant les femmes et le bon vin, qui plus est, entrain de dévorer le plus gaîment et le plus promptement possible un assez bel héritage que m'a laissé un mien oncle en mourant, il y a de ça trois mois.. Quant au duel que j'ai sur les bras en ce moment, telle en est la cause : Cette nuit, lors d'un joyeux souper, le petit vicomte de Brémont, ivre de champagne, s'est avisé maladroitement de voler un baiser à une petite danseuse que j'honore de mes bontés, laquelle danseuse soupait avec nous; offensé d'une semblable licence, et voulant le punir, j'ai envoyé deux bouteilles à la tête du marquis, qui, trouvant la correction de son goût, m'a riposté de la même façon. Partant de là, injures, menaces et provocations, ce qui fait, mon jeune ami, que nous allons prendre, tout en causant, le chemin du bois de Vincennes, où, à midi précis, devra m'attendre mon adversaire.

— Je suis à vos ordres, monsieur de

Fransac, dit Julien en passant son bras sous celui que lui offrait le marquis.

Nos deux personnages quittèrent la place pour monter dans un carrosse de louage, qui les conduisit en premier lieu rue de la Ciseraie, où se trouvait située la demeure du marquis, laquelle consistait en une petite maison d'assez bonne apparence et meublée avec goût, dans laquelle de Fransac engagea Julien à vouloir bien partager son déjeuner, qu'un valet venait de servir. Julien ayant accepté l'invitation, prit place à table en face du marquis.

Une chaire délicate, des vins exquis versés en abondance, dont la fumée monta au cerveau de Julien, qui, très-sobre d'ordinaire, devint communicatif et bavard. Puis, comme l'heure du rendez-vous approchait, les nouveaux amis remontèrent en voiture et roulèrent vers Vincennes, où, ayant mis pied à terre à l'entrée du bois, Fransac aperçut son adversaire qui, arrivé le premier, l'attendait en se promenant dans une avenue tout en causant avec son témoin.

— Mille pardons, cher, de t'avoir fait attendre, mais détestant de me battre à jeun, je me suis tant soi peu oublié à table... Ah çà, est-ce l'épée ou le pistolet que nous choisissons? demanda le marquis à son adversaire, jeune homme à la tournure élégante et ayant toutes les allures d'un petit maître raffiné?

— Fi donc! le pistolet! risquer d'être défiguré par une balle malencontreuse!.. L'épée, cher, l'épée, arme du gentilhom- et de convenance, répondit dédaigneusement l'adversaire, jeune vicomte, grand coureur de ruelles, ayant nom de Brémont.

— Soit, l'épée! fit de sang-froid et en dégaînant le marquis, puis s'adressant à Julien :

— Cher ami, ceci est une leçon que nous vous donnons. Regardez et profitez.

— Les fers se croisent, et, après quelques passes, le marquis de Fransac désarme le vicomte, dont l'épée alla tomber au loin.

— L'honneur est satisfait, messieurs, dit le témoin du vicomte.

— Trouves-tu, cher, ou te plaît-il de recommencer? demanda de Fransac.

— Je suis d'avis, marquis, que nous allions sceller notre réconciliation au cabaret; qu'en dis-tu, proposa le vaincu.

— Superbe pensée! allons-y! répondit le marquis.

Nos quatre personnages remontèrent en carrosse pour retourner à Paris, se réfugier dans un des cabarets les plus en vogue du Marais, où le vicomte fit servir du champagne.

— Ça, mon nouvel ami, vous ne buvez pas, observa de Fransac à Julien.

— Vous m'excuserez, monsieur le marquis, mais j'ai peu l'habitude du vin pur et la tête très-faible, répondit Julien.

— Sacrebleu, chevalier, je vois que j'ai à faire en vous une éducation complète... qui n'aime pas le vin, n'aime ni la joie ni l'amour. A propos, avez-vous une maîtresse?

— Non, je n'en ai même jamais eu, répondit en rougissant Julien.

— Corne de bœuf! Comprends-tu, vicomte, qu'un beau garçon comme celui-là, avec ses vingt ans et de la fortune, ne sache pas boire, et, de plus, qu'il soit vierge! s'écria gaîment de Fransac.

— Cher, je me permettrai de vous dire

que votre éducation a été des plus négligée, que vous n'êtes pas un homme... A quoi diable avez-vous passé votre temps depuis que vous vivez ? demanda de Brémont à Julien.

— Élevé au village, par un bon curé qui m'a tenu lieu de famille; j'ai beaucoup étudié...

— Du latin, du grec, sans doute? toutes choses inutiles, et vous avez négligé d'apprendre le plus nécessaire au bonheur de l'homme : c'est-à-dire d'aimer et de boire, interrompit de Brémont.

— Vicomte, nous ne pouvons laisser ainsi un ami dans les ténèbres, et la charité nous commande de l'initier aux joies de la vie.

— Certes, que je ne demande pas mieux, répliqua le vicomte.

— Moi, je me charge de lui apprendre à boire et à se battre, dit de Fransac.

Moi, à faire l'amour et à tromper les femmes, fit à son tour le vicomte... Voyons, cher innocent, depuis six mois, dites-vous, que vous êtes débarqué à Paris, n'avez-vous déjà rencontré quelques belles dames ou grisettes qui aient fixé vos regards et fait naître en vous certains désirs?

— Aujourd'hui, seulement, j'ai fait, sur la Place-Royale, la rencontre d'une charmante jeune fille, que le sort condamne au travail; elle est orpheline, sage, et je vous avouerai, messieurs, que tout cela m'a vivement intéressé en sa faveur. Elle m'a quitté pour retourner à son ouvrage après que nous eûmes échangé quelques paroles, mais comme elle m'a dit qu'elle venait souvent se promener le matin sur la place, mon intention est de la guetter, car j'ai grand désir de la connaître : elle est si belle et paraît si modeste.

— Connue ! une de ces modestie, enfin, qui adroitement vous glisse un rendez-vous sans avoir l'air d'y toucher, fit de Fransac en riant et tout en versant le Champagne à plein verre.

— Très-bien ! vous la reverrez demain

pour sûr, car si l'innocente a su lire dans vos regards qu'elle est de votre goût, et certes elle n'aura garde de manquer au rendez-vous qu'elle vous a donné. Alors, que comptez-vous faire? ajouta de Brémont.

— Je veux causer avec elle, gagner sa confiance, devenir son ami, enfin.

— Ça, entendons-nous, cher : est-ce amant ou ami?

— Dame! l'un et l'autre, si je suis

assez heureux pour lui plaire, répondit Julien en rougissant.

— Pas mal ; mais ce sera long, et comme la vie est courte et le temps trop précieux pour le perdre en filant le parfait amour avec une grisette, il faut brusquer la chose et enlever cette fille.

— L'enlever! pour la conduire où ? demanda vivement Julien.

— Dans quelque lieu choisi et disposé à l'avance, dans lequel vous passerez quelques jours avec elle, pour la renvoyer ensuite à son aiguille quand vous serez las de ses charmes et de ses caresses. Ainsi je mène ces sortes d'amourettes, mon cher, et, s'il vous est agréable, je vous préterai même certaine petite maison que j'ai acheté pour cet usage, à la chaussée de Ménilmontant.

— Je ne refuse pas votre offre, monsieur le vicomte; car, n'ayant d'autre domicile que celui que j'habite avec mon gouverneur, ne pouvant décemment y conduire une femme, je serai fort embarrassé si je me décidais jamais à en enlever une.

— Il faut enlever dès demain, cher; ce soir, je conduis à la maison en question une petite présidente qui raffole de moi, je passe quelques heures avec elle, et, en partant, je donne ordre à mon concierge de vous recevoir avec votre belle. Ainsi, usez-en à votre aise; la maison est délicieuse, écartée et construite de façon que, ni les plaintes, ni les cris ne trouvent accès au dehors; la cave est richement garnie, et le concierge, vieux coquin dévoué, sourd et aveugle lorsqu'il ne doit rien entendre ni rien voir, vous servira instantanément le souper le plus délicat, si telle est votre volonté... Ça, chevalier, vous devez vous douter comment on enlève une fillette? Il ne s'agit que d'un carrosse dans lequel on la fait monter de bonne volonté ou par ruse, et fouette cocher. D'ailleurs, s'il arrivait que vous fussiez embarrassé, je suis là, disposez de moi.

— Messieurs, j'ai rendez-vous chez la petite Nathalie, la danseuse, plusieurs de ses amies y seront... Êtes-vous tentés de m'accompagner? demanda de Fransac en se levant.

— Certes!... Chevalier, êtes-vous des nôtres? demanda de Brémont.

— Ce serait de grand cœur, mais étant absent depuis le matin, je crains que mon gouverneur ne soit inquiet, répondit Julien en essayant de se mettre sur ses jambes qu'amollissait le Champagne qu'il venait de boire coup sur coup tout en causant et en riant sans s'en apercevoir.

— Cher, je vous engage à ne point vous présenter en cet état devant ledit gouverneur sous peine de morale et de pénitence... Or, venez avec nous visiter de charmantes filles, dont la conversation vous édifiera... Allons, prenez mon bras, mauvais buveur, et en route !

Ce fut à la barrière des Sergents que le carrosse, qui transportait nos quatre personnages, fut s'arrêter devant une maison de chétive apparence, élevée d'un étage, avec des volets peints en vert, dans laquelle maison nos jeunes gens pénétrèrent brusquement, pour monter au premier étage et pénétrer dans un salon où plusieurs jeunes femmes, élégantes et la plupart jolies, étaient réunies, les unes étendues sur des siéges, les autres assises autour d'une table sur laquelle elles jouaient aux cartes.

— Ah ! c'est vous mon petit de Fransac ! Bonjour, mon chéri ! dit une petite femme à l'air espiègle et mutin en s'élançant au cou du marquis pour l'embrasser.

— Vicomte, m'aimes-tu toujours ? Moi,

je suis folle de toi, mon chérubin, disait une autre au vicomte de Brémont en prenant son bras sous le sien pour l'entraîner vers un siége et s'asseoir sans façon sur ses genoux.

Quant à notre innocent Julien, que ses introducteurs avaient planté-là, il ne savait que dire et que faire, il restait enfin planté sur ses jambes au milieu de la chambre, lorsqu'une des femmes, le prenant en pitié, une gentille brunette, ma foi ! vint à lui, souriante, pour le prendre par la main, le faire asseoir et se placer à ses côtés, puis entamer la conversation.

— Belle et spirituelle Hortense, monsieur le chevalier Julien, notre ami, est un être moral; sachez donc ménager son innocence en ne lui tenant que des propos dont une mère permettrait la lecture à sa fille, dit de Fransac en s'adressant à la compagne de Julien.

— Oui, mes petits anges, un peu de retenue par égard pour l'innocence de notre ami, dont vous nous aiderez, nous l'espérons, à faire l'éducation cytérienne, dit à son tour de Brémont.

— Ah ça, ne fera-t-on que de causer

ici? Mon avis est que l'on goûte tous ensemble, que le vin, le punch coulent à plein bord! s'écria de Fransac.

— Bravo! bravissimo! répondirent les femmes d'une voix unanime.

— Alors, que vos servantes se hâtent d'apporter les substances.

Quelques instants d'attente, puis la table dressée, se couvrit aussitôt de mets de toutes espèces, de fruits, de patisserie et de bouteilles.

Minuit, en sonnant, trouva nos viveurs encore à table, tous, pleins d'ivresse et de gaîté.

— Ma foi! mes nouveaux amis ont raison, vivent les femmes, vive le vin! murmurait Julien le verre à la main et la brunette sur ses genoux.

— Malheureux enfant, d'où venez-vous ainsi pâle et défait, depuis hier que vous êtes absent, et que je vous attends, le cœur plein d'inquiétude et d'angoisse? s'empressa de demander le bon curé en voyant rentrer Julien sur les six heures du matin, la figure tirée et les vêtements en désordre.

— Mon vieil ami, ne me grondez pas et apprenez qu'hier matin, comme je me promenais en lisant sur la Place-Royale, un jeune seigneur, le marquis de Fransac, m'aborda en me priant de bien vouloir lui servir de témoin dans un duel qui allait avoir lieu entre lui et un certain vicomte de Brémont. Refuser une pareille invitation, c'eut été donner une triste opinion de mon obligeance et de mon courage; j'acceptais donc et nous nous rendîmes à Vincenne où les deux adversaires tirèrent l'épée, l'un d'eux, le vicomte, désarmé par le marquis, s'avoua satisfait, et pour fêter leur réconciliation, ils s'invitèrent à dîner ainsi que leurs témoins. Ce fut chez eux où l'on fut se mettre à table, où, devenu leur ami je suis resté jusqu'à ce moment à boire, à chanter et rire. Voilà mon crime, cher gouverneur, qu'en pensez-vous?

— Qu'il n'est pas mortel, cher enfant, car, je comprends qu'un jeune homme de votre âge ne peut vivre en tutelle ainsi qu'une fillette et qu'il faut que jeunesse s'amuse, mais où est le mal, cher enfant, c'est d'avoir laissé votre vieil ami dans l'inquiétude, quand il vous était si facile de le prévenir par un mot d'écrit de cette longue absence. Ensuite, Julien, un honnête garçon ne doit jamais passer la nuit hors de chez lui, à moins qu'il n'y ait force majeure.

— Il y avait force majeure, mon ami, puisqu'ils étaient trois pour me retenir et que j'étais seul pour résister...

— Heureusement que madame la comtesse ne s'est point aperçue de cette escapade et qu'elle n'en saura rien, car elle vous gronderait bien fort, petit mauvais sujet! dit le bon prêtre en souriant et en appliquant deux petites tapes du bout des doigts sur la joue de son élève, auquel il conseilla d'aller se reposer, conseil que suivit Julien, de qui la tête était pesante, le cerveau embrouillé et dont les yeux se fermaient malgré lui.

CHAPITRE CINQUIÈME.

V

La promenade à la campagne.

Grâce à cette débauche, première nuit de plaisir et d'orgie, ainsi qu'au sommeil qui s'était emparé de lui, à peine la tête sur l'oreiller, Julien ne put se rendre que le lendemain dans la matinée, à la place Royale où il espérait retrouver la jeune fille dont il était épris.

Huit heures sonnaient à peine lorsque notre héros se promenait sous les tilleuls, portant ses regards de tous les côtés, examinant chaque jeune fille qui passait de loin ou près de lui. Il y avait déjà une grande heure que Julien s'épuisait en recherches inutiles et qu'il commençait même à perdre l'espoir de revoir sa gentille inconnue, lorsqu'en portant un dernier regard du côté de la rue des Minimes, il l'apperçut qui venait doucement, conduisant un petit enfant par la main.

— Oh! Oh! est-ce que ce bambin serait le fruit de ses amours, par hasard? Cela pourrait être puisque, s'il faut en croire de Fransac, il n'y a point au monde de femme capable de résister à la séduction... Enfin, essayons de lui parler et d'apprendre.

Tout en pensant ainsi, Julien, qui s'était placé sur le passage de la jeune fille, s'empressa de la saluer respectueusement et de s'informer de l'état de sa santé, moyen vulgaire, usé, mais le seul qu'avait trouvé Julien pour entamer la conversation.

— Je vous reconnais et vous remercie, monsieur, de l'intérêt que vous daignez me témoigner, répondit la jolie fille en rougissant et en levant ses beaux yeux sur le jeune homme.

— Ce joli enfant vous appartient?

— Non, monsieur, je suis demoiselle.

— Ah! pardon!... Vous paraissez l'aimer beaucoup.

— Beaucoup en effet.

— Il habite avec vous?

— Non, monsieur, mais sa mère est une de mes voisines, pauvre veuve dont la mauvaise santé nuit à son travail.

— Elle est malheureuse, dites-vous, mademoiselle? Eh bien! soyez assez bonne pour m'indiquer sa demeure, afin qu'il me soit permis d'aller la secourir, où, si mieux vous préférez, veuillez lui remettre ceci, dit Julien en présentant à la jeune fille sa bourse qu'il venait de sortir de sa poche.

— Ah ! vous êtes bon et compâtissant, monsieur. Tenez vous m'inspirez de la confiance, venez donc vous-même offrir vos bienfaits à celle qui en est véritablement digne et priera Dieu pour vous.

— Volontiers, mademoiselle, veuillez

me guider vers elle, dit Julien vivement.

La jolie fille le conduisit dans la rue des Minimes où elle le fit entrer dans une maison de peu d'apparence, mais d'une extrême propreté à l'intérieur, puis franchir trois étages pour l'introduire dans une misérable chambre où une femme d'une trentaine d'années, au teint pâle, à l'œil souffreteux, était en train d'allaiter un jeune enfant.

— Madame Lefèvre, je vous amène un

monsieur, dont l'intention charitable est de vous secourir ainsi que vos chers petits enfants, dit la jeune fille à la pauvre femme qui s'était levée pour recevoir les visiteurs.

— Encore une bonne action de votre excellent cœur, ma chère Berthe. Merci, merci, mon bon ange, s'écria madame Lefèvre en s'adressant à la jeune fille.

— Elle s'appelle Berthe! se disait Julien enchanté de la découverte, tout en prenant sa bourse pour la présenter à la veuve :

— Tenez, madame, acceptez cet or pour satisfaire vos premiers besoins et comptez sur moi pour vous venir en aide.

La pauvre femme, attendrie, s'empara de la main de Julien qu'elle porta à ses lèvres en disant :

— Merci, pour mes deux petits enfants, monsieur. Oh, merci, merci!

Berthe remercia à son tour le jeune homme par un sourire rempli de bienveillance et comme elle se retirait après l'avoir salué, Julien s'empressa de la suivre pour la voir ouvrir une porte sur le même palier.

— C'est donc ici que vous demeurez, mademoiselle Berthe? demanda-t-il.

— Oui, monsieur.

— Voulez-vous m'accorder la permission d'entrer un instant chez vous?

— Volontiers, monsieur, car l'action que vous venez de faire, en me prouvant que vous avez un bon cœur, me donne confiance en vous, répondit Berthe en introduisant Julien dans sa chambrette, petit et charmant réduit dans lequel régnaient l'ordre et la propreté.

Berthe présenta une chaise au jeune homme et se plaça en face de lui.

— Je vous sais gré, mademoiselle, de la bonne opinion que vous daignez avoir de mon faible mérite, moi qui tiens par-dessus tout à conquérir votre estime et votre confiance.

—. Mon Dieu, monsieur, quelle valeur peut avoir pour une personne comme vous, l'opinion d'une fille pauvre et obscure.

— Beaucoup, mademoiselle, surtout pour un cœur sur lequel votre mérite, vos charmes, ont produit la plus vive impression. Berthe, c'est vous dire que je vous aime, que je vous aime d'amour !... Ah! ne rougissez pas, mademoiselle, et gardez-vous, si vous ne voulez me désespérer, de repousser l'amour brûlant, sincère, qui fait battre mon cœur dans lequel vous régnez la première.

— Cet aveu, monsieur, a droit de me surprendre de la part d'une personne comme vous, noble, riche, et qui ne pourrait sans rougir ni se mésallier, s'unir à une fille sans naissance ni fortune.

— Berthe, ne soyez pas si généreuse à mon égard ; vous au moins, vous avez connu votre père, votre mère, et sans crainte vous pouvez les nommer, vous glorifier de leur probité, tandis que moi, enfant obscur et sans nom, j'ignore à qui je suis redevable de la vie. Quant à ces richesses dont vous me croyez possesseur, erreur encore de votre part, Berthe, car je n'existe que des bienfaits que daignent répandre sur moi le comte et la comtesse d'Auberville, mes protecteurs, sans la générosité desquels je serais condamné au travail. Avouez donc maintenant, mademoiselle, que la fille légitime, indépendante par son travail et son courage, est cent fois supérieure au bâtard sans famille qui ne vit que des bienfaits d'autrui!.... Berthe, vous voyez bien que la mésalliance serait de votre côté et que du mien vous viendrait la honte. Berthe, aimez-moi, soyez mon amie, ma compagne, vous que j'adore et que je veux chérir toute la vie.

En disant ces dernières paroles d'une voix suppliante, le regard fixé avec amour sur la jeune fille, Julien s'était mis à genoux et ses mains pressaient avec tendresse celles de la jolie Berthe qui, tremblante, rouge et confuse, n'osait lever les yeux sur lui.

— Hélas, monsieur, que puis-je vous

répondre, si ce n'est que vous connaissant à peine, il y aurait imprudence de ma part de me livrer aux tendres sentiments que vous exigez de moi... Soyez généreux en accordant à mon cœur, le temps de se reconnaître, celui d'apprécier vos qualités, de la sincérité de cette passion que vous m'exprimez et alors je pourrai vous répondre avec franchise et conviction. Ainsi que vous, monsieur, l'amour m'est étranger, je lui ai prudemment fermé mon cœur sans pitié, parceque je sentais que, si jamais je le donnais, ce serait pour toujours, avec ardeur, dévouement et que si l'ingratitude, l'abandon devaient être la récompense de tant d'amour et d'abnégation, il me faudrait mourir de douleur, de honte et de regret.

— Oh, vous avez raison et j'admire votre sagesse, votre prudence, mademoiselle. Oui, un cœur comme le vôtre, un amour si pur et si dévoué, mérite bien qu'on se donne la peine de le conquérir, de le mériter à force de soins et de constance... Berthe, dites-moi que je ne vous suis pas indifférent, que je puis espérer et vous me rendrez le courage et le bonheur. Berthe, parlez, au nom du ciel !

— Oui, espérez, murmura doucement la jolie fille.

— Oh! merci, Berthe, merci! s'écria Julien ivre d'amour et de joie, en baisant les mains délicates que la jeune fille lui abandonnait en souriant.

Huit jours se sont écoulés, on était au mois de juin, le printemps répandait sur Paris sa molle influence. C'était par une nuit douce, étincelante d'étoiles, embaumée du parfum des fleurs, une de ces nuits qui ont tant de charme pour les imaginations rêveuses, et où il semble qu'un souffle d'amour soit dans l'air, dans le ciel, dans le bruissement des feuilles. Une lumière brillait à travers une petite fenêtre d'une maison de la rue des Minimes. Assise là, près de cette fenêtre, dans sa blanche toilette de nuit, la tête inclinée sur sa gracieuse épaule, les boucles éparses de ses cheveux caressant le bas de ses joues, Berthe était dans l'attitude d'une profonde rêverie. Elle tenait une lettre ouverte, dans sa main tombée négligemment sur son genou : il fallait qu'une émotion forte l'agitât, car sa respiration était pressée, son beau sein montait et et s'abaissait rapidement. Enfin, elle prit la lettre à deux mains, la porta jusqu'à ses lèvres et ses beaux grands yeux au ciel, ses yeux humides de larmes et remplis d'une flamme qu'ils n'avaient pas eue jusque là :

— Il m'aime, oui, il m'aime sincèrement, s'écria-t-elle d'une voix presque étouffée. Oh! je le savais bien, je l'avais bien deviné, mon cœur me le disait... Et cependant ne plus pouvoir en douter, l'apprendre de sa bouche, mieux encore le lire écrit de sa main, que cela me fait du bien!... Ah! j'ai eu peur en ouvrant cette lettre qu'il vient de m'envoyer, je craignais que ce ne fut un adieu qu'il m'adressait par écrit n'osant me l'adresser de vive voix... Folle que je suis! Lui me fuir, m'oublier, ne plus m'aimer, comme si cela lui était possible... Ah! quelle est délicate et pure l'expression de son amour! Sa lettre, c'est lui. C'est sa franchise, sa noblesse de sentiments; c'est son âme vive, aimante, timide tout à la fois et qui se révele par un si tendre regard... De lui tout me séduit, me plaît. Oh! je l'aime, je l'aime! Il ne voudrait pas me tromper, non, il ne le pourrait pas, il en est incapable!... Berthe, je vous adore, m'écrit-il. Ah! combien ce mot est doux à mon cœur, à moi pauvre orpheline qui jusqu'alors n'avais pas trouvé un cœur qui répondit au mien, ni de lèvres qui m'aient dit avec franchise, simplicité : Berthe, je vous aime... Mais, puisque je suis certaine de son amour, pourquoi cette sorte de terreur que j'ai dans l'âme ? Mon Dieu, mon Dieu! qu'exigera-t-il de mon amour? Où cet amour peut-il me conduire?

En disant ainsi un nuage se répandit sur sa jolie figure jusque-là si sereine; Berthe parut absorbée par de douloureuses réflexions. Mon Dieu! reprit-elle, que n'ai-je encore ma bonne mère pour me conseiller.

Berthe en pleurant se retraça tout ce qu'elle avait entendu dire sur les dangers qui environnent les jeunes filles....

— Lui me tromper, abuser de ma confiance, allons donc! il m'aime trop pour cela.

Après avoir ainsi rassuré son pauvre cœur, Berthe se jeta sur son lit où le sommeil tarda peu à s'emparer de ses sens et la berça des songes les plus riants.

Un mois plus tard, Julien se présentait chez son ami le marquis de Fransac qu'il trouvait en train de compiler une foule de paperasse, la figure tant soit peu maussade.

— A quoi diable t'amuses-tu là, mon cher ? demanda Julien.

— A me convaincre que je suis aux

trois quarts ruiné, ce qui me suffoque de douleur et de surprise.

— Ruiné ! fit Julien avec surprise.

— Hélas! toutes ces horribles paperasses qu'il a plû au régisseur de mes biens de m'envoyer d'office, ne me le prouvent que trop... Julien, toi un sage, dis-moi ce que tu ferais si tu étais ruiné.

— Je travaillerais alors pour me créer une nouvelle fortune.

— Travailler! Est-ce que je sais ce que c'est que le travail, moi?... Donne-moi un autre conseil, le premier étant impraticable.

— Alors, je tâcherais d'épouser une fille riche.

— Pas mal! l'idée me sourit assez quoique ayant le mariage en horreur.

— Alors, demeure garçon, s'il te reste assez pour vivre.

— A croire mon gueux d'homme d'affaires, il ne me resterait plus qu'un modique revenu de trois mille écus ; enfin de quoi vivre de pain et d'eau et m'habiller comme un cuistre, un employé de gabelle... fi !

— Alors, cher ami, marie-toi, épouse par exemple, certaine cousine millionnaire dont tu m'as parlé, et que ton oncle te propose.

— Diable ! le conseil est dur, car la médecine serait terriblement amère, une grande niaise de trente-quatre ans qui est longue comme six jours de diète, laide et sèche et se croirait damnée si elle n'allait à confesse trois fois par semaine.

— C'est malheureux, j'en conviens, mais elle est riche et tu es ruiné, or, épouse.

— Julien, le conseil que tu me donnes là est atroce! Je te croyais mon ami et tu demandes ma mort. Moi, épouser ma cousine Lucrèce de Follecour! Unir ma destinée à un pareil monstre, sacrifier ma joyeuse liberté pour de l'or, un vil métal! Jamais!... Décidément je préférerais me faire capucin ou saltimbanque... Lucrèce ma femme, fi donc... Je veux te faire faire sa connaissance, afin de me venger du mal que tu me souhaite.

—Alors, cherche un autre parti. La cour et la ville fourmillent de jeunes et jolies filles qui sont à marier; tu es jeune, spirituel, noble et joli garçon, en voilà plus qu'il n'en faut pour faire tourner la tête à quelque riche fille de condition.

— Et mais, tu m'y fais songer... On

parle beaucoup dans notre monde, de la beauté et de la riche dot de la belle Lively, la fille unique du marquis André de Beaulieu. Je veux me faire présenter dans cette famille et si la demoiselle est ce qu'on la dit, je verrai s'il y a moyen de la confisquer à mon profit. Mais assez parlé d'affaires. Que fais-tu aujourjourd'hui? Veux-tu être des nôtres? De Beaulieu, moi et une douzaine de mauvais sujets, nous allons faire orgie complète avec des femmes charmantes.

— Merci, car je consacre cette journée entière à ma chère petite Berthe que je mène promener à la campagne.

— A propos, à quoi en es-tu avec cette petite? N'en as-tu pas bientôt fini avec cet amour bourgeois qui, la plupart du temps, t'enlève à notre amitié?

— Fini, dis-tu? Jamais, puisque j'ai juré amour éternel à ma Berthe bien-aimée.

— Mais malheureux, voilà six semaines que tu roucoule auprès de cette grisette, et consciencieusement tu dois être saturé de ses caresses et de ses charmes.

— Qu'oses-tu dire, de Fransac! moi, saturé de ses charmes! Mais, tu fais erreur, tu calomnies la plus sage des filles, une vertu qui résiste à mes désirs, dont la rigueur me désespère et qui préférerait la mort au déshonneur; une fille enfin dont je suis fou, et dont les charmes poussent mes passions jusqu'au délire.

— Pauvre sot! qui prend ainsi l'amour au sérieux, fit de Fransac en riant.

— C'est peu généreux à toi, de Fransac, de me railler ainsi, quand tu vois que je n'ai pas plus à moi ma tête que mon cœur. Il est vrai que je ne sais trop où je marche, où ma passion pour cette fille céleste me conduira... Mais j'aime, j'aime avec violence... Mais tu n'as donc jamais aimé, toi qui raisonne de tout cela si froidement et traite l'amour de bagatelle ?

— Beaucoup, au contraire ; mais quand j'aime, c'est une femme raisonnable qui ne me tient pas la dragée haute, satisfait aux lois de la nature, et ne sanctifie pas ainsi que toi, pauvre innocent, ce qui ne doit être qu'une fleur à cueillir sur ma route, le repos du présent et la sécurité de l'avenir.

— Je crains bien, de Fransac, que tu n'aies jamais goûté les plus purs délices qui puissent inonder un cœur d'homme, car ce n'est pas de l'amour que tu définis là; je ne sais comment cela s'appelle, répondit Julien d'un air sérieux.

— Cela s'appelle du plaisir facile,

mon ami, le seul qu'un être un peu sage et pressé de jouir de la vie, doit accepter. Se morfondre en soupirs auprès d'une femmelette, souffrir des siècles à attendre qu'il lui plaise d'éteindre le feu dont ses charmes embrasent notre sang, être l'esclave de ses caprices, le martyr de ce qu'il lui plaît d'intituler son honneur, fi donc! Sottise, faiblesse, duperie! Crois-moi, Julien, arrière tous ces scrupules ridicules, va droit au but, culbute l'indécision de la peureuse qui, une fois vaincue, ne t'en aimera que davantage, et prendra elle-même sur tes lèvres les baisers qu'elle te refuse inhumainement... Aujourd'hui, tu la promène aux champs, dis-tu, alors, l'occasion est superbe... Tout en ayant l'air de marcher au hasard, conduis adroitement ta cruelle à ma petite maison de Ménilmontant, et là, sois adroit, ose tout, ne redoute pas le bruit, sois sourd aux prières, irrésistible aux larmes, et la belle est à toi... Feras-tu cela ?

— J'essaierai ! répondit Julien dont les yeux venaient de s'animer.

— A la bonne heure, sois homme, ami du plaisir, et vive la joie !... Ça, nous déjeûnons ensemble au cabaret, qu'en dis-tu ?

— Que je refuse ton invitation, car Berthe m'attend.

— Va donc, et surtout n'oublie pas mes conseils.... Mon concierge, que j'ai prévenu depuis longtemps de ta visite, sera tout à tes ordres.

Une heure après cet entretien, Julien se rendait chez Berthe, qui l'attendait parée de sa plus belle toilette, c'est-à-dire coiffée de son plus beau bonnet de dentelle à rubans roses, de sa robe en indienne à fleurs, de son mantelet de soie couleur gorge de pigeon.

Berthe, avec cette parure de grisette, parut une fois plus charmante encore aux yeux de son amant qui, quoique vêtu en grand seigneur, n'hésita pas à lui offrir son bras pour l'entraîner hors de la chambrette, la faire monter en carrosse de louage et rouler vers la hauteur de Ménilmontant, où ils mirent pieds à terre dans la campagne.

— Oui, je vous aime, Julien; oui, je suis heureuse près de vous, mon ami, parce que en vous j'ai confiance, parce que vous êtes incapable de manquer à une pauvre fille qui met son honneur sous votre sauve-garde... Julien, vous m'aimerez toujours, n'est-ce pas?

Ainsi disait Berthe au bras de Julien, sur l'épaule duquel elle appuyait familièrement sa jolie tête, tout en se promenant avec lui dans un sentier désert.

— Je t'aimerai toute ma vie, ô ma

Berthe chérie! ô toi qui la première as fait battre mon cœur d'amour et d'ivresse! Berthe, tu seras ma femme, ma compagne, toi sans qui je ne saurais plus vivre, répondit le jeune homme tout en caressant de ses lèvres le charmant visage de son amie.

— Votre femme, dites-vous! Ah! un pareil bonheur est-il fait pour moi, et ne craignez-vous, Julien, que vos protecteurs ne s'opposent à ce que vous vous mésalliez en prenant pour épouse une fille du peuple telle que moi?

— Sois sans crainte, Berthe, car je

suis maître de disposer de ma main. Qui donc d'ailleurs aurait le droit de s'opposer à mon bonheur? Je suis un enfant abandonné, qui n'a jamais reçu les caresses d'un père ni celles d'une mère. Oui, sois sans crainte, te dis-je, tu seras ma femme.

— Mais, Julien, ne craignez-vous que ce bon prêtre, qui vous a élevé, ne s'oppose à notre union, lui, votre tuteur et le dépositaire, sans nul doute, de l'autorité de ceux qui vous ont confié à ses soins?

— Mon bon et digne Renaud ne veut

que mon bonheur, et lorsqu'il saura, ma Berthe, qu'il est tout entier dans mon union avec toi, il s'empressera de nous bénir !

— Mais, M. le comte et madame la comtesse d'Auberville qui vous portent un intérêt si vif?...

— Encore d'excellents amis, qui me veulent du bien et desquels le consentement ne se fera pas attendre.

— Julien, qu'il en soit ainsi et votre

Berthe sera bien heureuse! fit Berthe en penchant son visage dont les lèvres souriantes appelaient un baiser, que Julien y déposa avec ivresse.

Il y avait plusieurs heures que les deux amants erraient à travers les champs et les bois, et, comme l'appétit commençait à se faire sentir, Julien, qui s'était rapproché du village de Ménilmontant, s'arrêta devant la porte d'une petite maison de laquelle il agita la sonnette.

— Quelle est cette demeure et qu'allons-nous y faire? demanda Berthe.

— Une dépendance du cabaret dans lequel nous allons dîner, car j'ai grand faim, répondait Julien au moment où un vieux bonhomme, après avoir ouvert la porte, s'effaçait pour laisser entrer nos amants.

— Picard, nous avons grand faim. Servez-nous promptement, et surtout que le souper soit bon, dit Julien.

— Monsieur le chevalier sera content, répondit le vieux gardien, tout en s'empressant d'introduire les jeunes gens dans l'intérieur de la maison, derrière laquelle était situé un délicieux jardin, qu'on apercevait à travers les fenêtres du salon dans lequel Julien et Berthe se reposaient de la fatigue de leur longue promenade.

Après une demi-heure d'attente, qui s'était écoulée en tendre propos de la part de nos amants, le vieux gardien vint les prévenir que le souper était servi.

Julien alors, prenant Berthe par la

main, l'entraîna dans une pièce voisine, délicieux boudoir éclairé par des bougies parfumées qui brûlaient dans de riches candélabres. Une table, dressée près d'un sofa, était chargée de mets et de bouteilles. Le luxe le plus confortable présidait à ce couvert. Berthe, à qui ce luxe était inconnu ouvrait des yeux où se peignait la surprise.

— Comment, c'est ici un cabaret ? comme c'est beau, mon Dieu ! dit l'innocente jeune fille.

— Un cabaret des plus opulents et des

mieux achalandés, chère Berthe, répondit Julien en riant et tout en conduisant la jeune fille à la table, où il la fit asseoir sur le sofa pour se placer à ses côtés.

— Savez-vous bien, Julien, que si mes voisins me voyaient en tête-à-tête avec vous dans ce joli salon, qu'ils ne manqueraient pas de jaser sur mon compte et de me croire une fille perdue? Oh! mais, c'est que ces gens-là ne vous connaissent pas, mon ami ; c'est qu'il ne savent pas que mon Julien est le plus délicat, le plus honnête homme du monde ; que m'ayant placée sous la sauve-garde de son honneur, le mien ne court aucun danger.

Ainsi disait la jolie et confiante Berthe, tout en mangeant et en buvant dans le même verre que son amant, quoi qu'il y en eût deux sur la table.

Julien, tout en écoutant, repassait dans sa tête les conseils que lui avait donné de Fransac dans la matinée : ose tout, sois sourd aux plaintes, insensible aux larmes, et tu réussiras, lui avait-il dit, et, d'après ses recommandations, Julien versait souvent et beaucoup, en engageant Berthe à lui tenir tête. Vint le Champagne au dessert, vin inconnu à Berthe jusqu'à ce jour, dont elle ignorait, par conséquent, la vertu traîtresse et qu'elle buvait avec plaisir et même à plein verre.

Berthe, l'imprndeute, tarda peu à éprouver les effets de la liqueur perfide dont la fumée, en lui montant au cerveau, la rendit folle, rieuse et tendre. Alors Julien, jugeant le moment propice pour accomplir son œuvre de séduction, enlace la taille de Berthe de ses bras, puis sa bouche l'inonde de brûlantes caresses ; de son visage descend sur son sein, dont sa main hardie ose saisir le contour charmant.

— Que faites-vous, Julien, s'écria alors la jeune fille que cet audacieux attouchement venait de rappeler à la raison, tout en essayant de se dégager des bras de son amant.

— Berthe! chère Berthe! ne me repousse pas ainsi. Berthe, à moi ton amour et tes plus tendres caresses ! disait Julien ivre de désirs en attirant Berthe sur ses genoux en dépit de la résistance qu'elle lui opposait.

— Ah! s'écria-t elle en se frappant le front avec ses mains, dans quel piége suis-je tombée?... Mais, c'est affreux! c'est infâme! Julien, je veux quitter cette maison à l'instant même; je le veux ! Entendez-vous ?

Julien repousse avec feu les soupçons de violence ; il cherche à appaiser

Berthe. C'est l'amour qui l'égare, un amour auquel elle a accordé bien peu jusqu'alors, auquel elle doit pardonner beaucoup. Si elle ne le fait, elle ne lui laissera que le désespoir; c'est fini entre eux pour toujours.

— Oh! oui, pour toujours! et il doit en être ainsi, dit Berthe d'un ton profondément ému; je vois clair maintenant... trop tard, peut-être... Julien, vous me trompiez; vous ne m'aimez pas, puisque vous n'avez pas souci de mon honneur... Julien, épargnez de grâce une pauvre fille, prenez pitié de moi!

Et en disant ces mots, elle s'abaissait presque jusqu'aux genoux de Julien, pleurant à chaudes larmes et joignant les mains.

Julien, déconcerté de ses pleurs, de ses cris, ne sait plus s'il doit continuer son œuvre. Il est prêt à quitter Berthe qu'il tient dans ses bras, lorsque tout à coup il semble que sa passion s'allume d'un feu nouveau, irrésistible, qu'il est devenu homme à tout oser et que l'âme de de Fransac a passé en lui. Tour à tour souple, ardent, plein de paroles enivrantes et de douces promesses, il fascine comme un serpent la pauvre fille.

Berthe l'écoute les yeux égarés, la poitrine haletante. Ces promesses de constance, ces flatteries d'amour et de bonheur jetées dans son âme au désespoir la bouleversent jusqu'à la rendre presque folle; par intervalle sa raison lui revient, elle entrevoit la triste vérité, elle repousse avec effroi la fascination dont elle se sent éblouie.

— Non, non! s'écria-t-elle; Julien

ayez pitié de moi, n'abusez pas jusqu'au bout de mon faible cœur... Oh ! soyez généreux.... et vous verrez comme je vous aimerai... Mais, vous ne m'écoutez pas, Julien! vous voulez mon déshonneur et ma mort... Mon Dieu ! venez à mon secours... je suis perdue!... perdue !...

Et la pauvre Berthe, dont le ciel n'avait sans doute pas entendu la prière, s'évanouit dans les bras de son heureux vainqueur.

CHAPITRE SIXIÈME.

VI

Projets de mariage.

— Décidément, après la perte que j'ai faite cette nuit dans ce damné tripot où m'a conduit cet imprudent de Brémont, et où j'ai laissé tout l'or que je possédais, il me faut sérieusement réformer mon train de vie, me défaire de mon carrosse, de mes chevaux, vendre à Julien ma petite maison de Ménilmontant dont il veut faire présent à sa grisette ; puis, vivre d'économie, me retirer du monde, fuir Satan, ses pompes, ses œuvres, à moins que de consentir à épouser les millions de ma cousine Lucrèce... Corbleu ! pourquoi ne l'épouserai-je pas, plutôt que de consentir à courir les rues à pied, plutôt que de vivre honteusement comme un vil croquant ? Elle est laide, c'est vrai ; mais qui me forcera de la regarder ? Elle est maussade acariâtre, c'est encore vrai ; mais qui ou quoi me contraindra de supporter ses caprices? Personne!... Épousons donc si nous en avons le courage... La pauvre fille m'adore, mon indifférence la désespère, je n'ai donc qu'à vouloir pour pouvoir... Décidément, allons faire une visite à son bonhomme de père.

Cette décision prise, de Fransac se leva du fauteuil dans lequel il s'était enfoncé pour se livrer à ses réflexions, puis il sonna son valet pour se faire habiller.

Sa toilette terminée, notre marquis

sortit de chez lui bien résolu à se rendre chez son oncle le baron de Grosbois, père de mademoiselle Lucrèce, dont l'hôtel était situé rue des Saints-Pères. Notre jeune homme marchait rapidement tout en gesticulant lorsqu'il fut se jeter dans son ami le vicomte de Brémont qu'il n'avait pas vu venir devant lui.

— Où vas-tu ainsi, comme un fou, cher ami? demanda le vicomte.

— M'efforcer de réparer les désastres

de cette nuit, désastres dont tu es l'unique cause, malheureux, en m'ayant entraîné dans un infâme tripot, dans un coupe-gorge! Enfin, je vais épouser ma cousine Lucrèce.

— La fille majeure et millionnaire, l'idée n'est déjà pas si bête, si tu te sens véritablement le courage d'épouser cette momie... Ciel! que d'or! quelle vie large et joyeuse tu pourras faire, que de délices te sont promis... Eh bien, moi aussi je pense à me marier et à cette occasion me faire présenter ce soir chez le marquis André de Beaulieu dont la charmante fille est en âge d'entrer en ménage. Une beauté de seize ans, spirituelle et riche. Le marquis donne ce soir une fête magnifique dans son hôtel et pour mon compte, j'ai reçu trois invitations, une pour toi, une pour Julien et l'autre pour moi. Puis-je compter sur vous ?

— Certes! je préviendrai Julien et tu viendras nous prendre chez moi avec ton carrosse. Maintenant, au revoir, je cours chez mon oncle afin de me réconcilier avec lui, demander sa fille en mariage si toutefois je m'en sens le courage après l'avoir envisagé de nouveau.

— Crois-moi, ne vois en elle que ses millions et tu la trouveras adorable.

— Merci du conseil, je le suivrai, cher. A ce soir donc!

Cela dit, de Fransac reprit sa course et se présenta chez son oncle, gros et épais personnage, vieillard de soixante et quelques années, encore vert, ayant bon pied, bon œil et paraissant très disposé à faire attendre sa succession à son héritière le plus longtemps possible.

— Ah! ah! c'est vous, mauvais sujet!

J'en ai appris de belles sur votre compte. Il paraît que vous êtes ruiné à plates coutures, prodigue, libertin que vous êtes? s'écria l'oncle du plus loin qu'il vit venir son neveu.

— Hélas! ce que vous dites là, mon oncle bien-aimé, n'est que trop la triste vérité, vous dire comment cela se fait, me serait chose impossible, par exemple! mais vous avez devant les yeux le pécheur le plus repentant qui se soit jamais vu, et vous savez, cher oncle, que Dieu fit du repentir la vertu du coupable et qu'il doit y avoir dans le ciel plus de joie pour un pécheur converti que pour dix justes.

— Superbe tout ça, mais je te vois venir ! Tu as perdu dans quelque tripot ton dernier écu et tu viens me caresser l'épaule, mais c'est comme si vous chantiez, monsieur mon neveu.

— Mon honorable oncle, votre erreur est des plus profondes. Ma ruine n'est pas aussi complète que vous vous l'imaginez, car je possède encore quelques milliers d'écus de rente, plus, ma ferme de la Bance qui vaut vingt-cinq mille écus, il est vrai de dire que j'ai emprunté dessus une somme équivalente à sa valeur, mais en payant mon créancier ainsi que j'en ai l'intention, ladite ferme restera ma propriété. Oui, cher oncle, je l'avoue, j'ai eu des torts, torts de jeunesse, mais je me suis corrigé. Dieu a eu pitié de moi, il m'a rendu la raison que l'inconduite m'avait fait perdre. Désormais, je ne veux m'écarter de la voie du bien et suivre d'autres conseils que ceux que me dictera votre sage expérience afin de ne plus vous irriter contre moi. Ah! mon oncle, mon précieux oncle, quand je pense à mes erreurs passées, je suis quasi tenté de me passer mon épée à travers le corps, disait de Fransac du ton d'une vérité touchante.

— Pas d'enfantillage de cette façon, mon cher enfant, calme ta douleur ; quand tu te tuerais, cela ne te rendrait pas la fortune que tu as follement dissipée, tandis qu'en étant sage, économe à l'avenir, ton désastre peut se réparer, dit le baron de Grosbois, presque attendri.

— Telle est mon unique volonté, cher

oncle, ma conviction, mon désir le plus ardent.

— Sais-tu, mon garçon, que ma fille Lucrèce, ta cousine, t'aime toujours.

— Quoi! cet ange daigne encore penser à moi, être ingrat? Ah! mon oncle, suis-je encore digne de lever les yeux sur elle. Oh! ma Lucrèce! divinité parfaite, tu mérites mieux que moi! C'est un cœur innocent qu'il te faut, un cœur pur, une créature immaculée pour partager ton amour et recevoir tes brûlantes caresses.

— Allons, allons, ne t'afflige pas ainsi, espère, Lucrèce est une bonne fille qui n'a pas plus de rancune que dans la main et puisque tu te sens un retour d'amour pour elle, que tu me promets d'être sage à l'avenir, je vais te conduire à son appartement afin de lui annoncer cette excellente nouvelle.

— Courons, mon cher oncle, hâtons-nous !

Cédant aux vœux impatients de son neveu, le baron se hâta de le conduire dans la partie de l'hôtel qu'occupait la demoiselle majeure, laquelle ne fut pas médiocrement surprise de la visite de son cousin qui se présentait à elle d'un air contrit et les yeux baissés.

Lucrèce, ainsi que nous l'avons déjà dit, était une fille fort raisonnable qui comptait hardiment ses trente-deux printemps; elle était grande et sèche; son visage que la petite vérole n'avait pas respecté, était orné de deux petits yeux noirs qui semblaient se perdre dans les profondeurs creusées sous d'épais sourcils dont les extrémités se croisaient à la racine du nez. Elle avait le pied large et plat, la main sèche et osseuse; sa voix avait quelque chose de la cresselle, et quand elle riait, ce qui ne lui arrivait pas souvent, elle laissait voir un laid ratelier de dents jaunes et longues.

On conçoit qu'avec tous ces avantages et malgré l'immense fortune de son père dont elle était l'unique héritière, mademoiselle Lucrèce Grosbois n'avait pas eu souvent à se défendre contre les piéges de la séduction; elle était donc restée fille et vierge, et par dépit de se voir ainsi délaissée elle s'était faite fausse dévote, affectant une grande piété, une indifférence outrée envers le monde et surtout pour les hommes, quoique étant douée de passion violente et d'un cœur très-inflammable surtout à l'égard de son cousin de Fransac que dès son enfance son père l'avait accoutumé à regarder comme son mari futur.

— Ma fille, réjouis-toi, car je te ramène un amant converti et repentant en ce cher neveu de Fransac. Vois, comme il est embarrassé, timide ; à peine ose-t-il lever ses regards sur toi.

En effet, le jeune marquis tenait les

yeux baissés, mais c'était afin de ne contempler que le plus tard possible le laideron de vieille fille dans la crainte de voir faiblir son courage.

— Ah! mon père, que vous ai-je fait pour rouvrir ainsi la plaie de mon cœur en me ramenant un ingrat et un volage? minauda Lucrèce en se voilant les yeux avec ses mains.

— Ah! ma chère cousine, je ne sais que trop combien je me suis rendu indigne de votre amitié, de votre confiance!

Pardonnez, ah! pardonnez à la fougue de l'âge, car je n'ai jamais cessé de vous aimer!

— Allons, que tout soit oublié, pardonne et ne pleurs pas, cela enlaidit, ma chère enfant.

— Oh! je ne pleure pas. Mais hélas! votre abandon, mon cousin, m'a tant fait verser de larmes que la source en est tarie et que sans le secours de la sainte religion, j'aurais cessé d'exister.

— Heim! es-tu heureux d'être autant

aimé, mauvais sujet? fit le baron. Lucrèce, crois-moi, oublie ses torts puisqu'il revient à tes pieds doux comme un agneau et amoureux comme un joli petit pigeon.

Après avoir dit ces derniers mots, le baron poussa de Fransac vers Lucrèce dont les petits yeux commencèrent alors à briller comme des escarboucles. Le marquis, voyant qu'il n'y avait pas moyen d'éviter l'accolade, se résigna tout en pestant et embrassa l'affreux laideron qui lui rendit avec usure cette amoureuse caresse.

Après cette réconciliation faite, les deux amants suivirent le baron chez lui où les attendait un excellent déjeûner.

Le repas fut long et gai, car de Fransac avait fini par accepter tout ce que son entreprise offrait de déboire amer, en se plaçant sans cesse devant les yeux les millions de la chère cousine ; notre marquis placé près de Lucrèce, répondait à toutes ses agaceries, lui prodiguait des coups-d'œil, feignait même le soupir et s'aventurait jusqu'au serrement de main. Aussi le visage de la vierge s'était-il coloré d'un rouge de feu, ses yeux lançaient des éclairs et sa main sèche brûlait celle de son cousin chaque fois qu'elle la rencontrait.

— Ça va bien, très-bien ! se disait mentalement le papa qui remarquait ces petits manéges, je crois même que ça irait infiniment plus loin si ma présence n'en imposait à ces tendres tourtereaux..... Décidément, ils sont faits l'un pour l'autre, ces chers enfants, ça se voit tout de suite... Il est vrai que le cher neveu s'est livré à une suite de fredaines infiniment trop excentriques... Eh bien! ça n'est peut-être pas un mal; il faut que jeunesse se passe et il est préférable que ce soit avant le mariage qu'après.

En ce moment le marquis auquel de fréquentes libations de champagne avait donné un courage surhumain, glissa un bras sensément amoureux autour de la taille de Lucrèce et penchant calinement sa tête sur une épaule anguleuse :

— Oh! ma divine amie, soupira-t-il, que de jours de bonheur j'ai sottement retranchés de mon existence!

— De Fransac, je te pardonne, répondit la vieille fille en déposant un baiser sur le front du coupable.

— Maintenant, à quand la noce, demanda le baron dans le ravissement.

— Le plutôt possible, mon petit papa, répondit vivement Lucrèce.

— Alors, dans quinze jours, dit le baron.

— Soit! soupira le marquis avec effort et résignation.

— Mille Dieu! quelle corvée et que la vie est dure à gagner, s'écriait de Fransac en sortant de chez les Grosbois. Bah! un hôtel magnifique, des biens immenses, tout le confortable du luxe, cela vaut bien un semblant d'amour. Ensuite, ma cousine est dévote; or, tandis qu'elle s'occupera de son salut, moi j'irai me damner dans le monde... Maintenant, allons prévenir ce cher Julien du bal que donne ce soir le marquis André de Beaulieu.

De Fransac se dirigea donc vers la demeure de Julien qu'il trouva absent mais où le reçut amicalement le bon curé Renaud qui déjà l'avait vu plusieurs fois et l'engagea à vouloir bien attendre le retour de son jeune élève qui ne pouvait tarder de rentrer.

— M. de Fransac, je ne suis pas fâché de me trouver seul un instant avec vous, dit le vieux prêtre après avoir fait asseoir le marquis.

— Monsieur Renaud, c'est une occasion dont je me félicite de même, car la société d'un homme de bien ne saurait trop se faire désirer.

— Vous êtes infiniment trop poli, monsieur le marquis... Vous l'ami de mon cher Julien et sans doute son confident?

— En effet, monsieur, je suis assez heureux pour posséder ce double avantage, entre jeunes gens on est si communicatif.

— Monsieur, y aurait-il de l'indiscrétion à vous demander quelle est la personne que Julien va souvent visiter dans une maison sise rue des Minimes? demanda M. Renaud avec timidité.

— Aucune, monsieur, et même je suis fort surpris que Julien ne vous l'ait pas nommée déjà. Cette personne n'est autre qu'une pauvre veuve malade, mère de deux jeunes enfants à qui Julien, la charité même, va porter des secours. Cette femme se nomme Lefèvre et est âgée de trente-quatre ans.

— Comment, voilà le but de ces visites qui intriguent si fort madame la comtesse d'Auberville, excellente dame qui s'intéresse à mon élève comme s'il était son propre enfant? Ah! je reconnais bien là son cœur généreux... car c'est un excellent sujet que mon Julien, monsieur, un franc et loyal jeune homme dont vous n'aurez jamais à vous plaindre, vous son ami, dont il me dit un bien extrême. Monsieur de Fransac ayez bien soin de notre enfant, ne lui donnez que de bons conseils ainsi que je vous en crois capable, et surtout veillez à ce qu'il ne lui arrive jamais malheur et ma reconnaissance vous est acquise... Ce cher enfant! faire ainsi l'aumône en cachette. C'est bien! ah! c'est bien! n'est-ce pas?

— Admirable en effet, répondit de Fransac, pour ajouter : Monsieur Renaud, je suis venu pour faire part à Julien d'une très-honorable invitation qui lui est adressée ainsi qu'à moi, par M. le marquis André de Beaulieu, lequel donne ce soir une fête brillante dans son hôtel... Qu'en dites-vous?

— Que M. André de Beaulieu est bien bon d'avoir pensé à mon cher élève, qui ne peut que gagner à la fréquentation d'une société aussi honorable et qu'il faut que jeunesse s'amuse... honnêtement, par exemple.

— Ainsi vous trouvez bon qu'il accepte l'invitation du marquis?

— Certainement, et même qu'il en soit très-reconnaissant... Ne trouvez-vous pas, monsieur de Fransac, que depuis qu'il habite Paris, Julien a beaucoup gagné en beau langage et en belles manières?

— Infiniment, monsieur Renaud.

— Moi, je suis persuadé que c'est en vous fréquentant, ainsi que M. le vicomte de Brémont votre ami commun, qu'il s'est poli de la sorte.

— Vous avez trop bonne opinion de notre mérite, monsieur, et je vous répondrai que Julien, né gentilhomme de formes et de manières devait être ce qu'il est devenu tout naturellement, c'est-à-dire un charmant cavalier.

— En effet, c'est né chez lui, mais il lui manquait un modèle, qu'il a trouvé en vous dont les allures sont celles d'un noble cavalier, monsieur le marquis.

— En vérité, monsieur Renaud, vous me confusionnez et si ma cousine, ma future épouse vous entendait ainsi vanter mon faible mérite, elle vous sauterait au cou pour vous embrasser.

— Ah! vous allez vous marier?

— Hélas! oui, il faut bien finir par là.

— Vous dites cela comme si vous remplissiez cet acte sacré avec regret... Et pourtant le bonheur de passer sa vie auprès d'une charmante compagne dont on est aimé, n'est pas à dédaigner.

— D'accord, monsieur, lorsqu'elle est charmante ainsi que vous le dites, mais malheureusement ma prétendue est aussi laide que le diable et de plus mon aînée de neuf ans.

—Alors, monsieur le marquis, croyez-moi, ne contractez pas cette union, car ne pouvant aimer d'amour cette personne vous serez malheureux tous les deux, et vous mécontenterez l'un et l'autre le bon Dieu qui veut que le mari et la femme s'aiment et vivent en paix.

— En effet, j'en ai grand peur et pourtant Lucrèce, ma prétendue est au fond une bonne fille.

— Raison de plus, mon fils, pour ne pas la rendre malheureuse, ce qui arrivera si elle est pour vous un objet d'aversion.

— Bah! si elle me laisse agir en repos et liberté, Lucrèce sera la plus heureuse femme du monde... Ce mariage, monsieur, doit se faire quand même, car j'ai commis la maladresse de me ruiner sans m'en apercevoir et ma cousine est millionnaire. Ensuite, elle m'adore, la chère fille!

— Alors, vous ne voudrez pas payer par l'ingratitude, l'amitié qu'elle a pour vous ainsi que sa générosité, ce qui serait mal et indigne d'un homme d'honneur.

— Non certes! car au fond, je suis un

bon diable ; mais franchement, ma future est terriblement laide! fit de Fransac en riant.

— Mon cher ami, dans la compagne qu'un homme accepte, il doit plus s'attacher aux qualités du cœur qu'aux attraits du visage, la beauté passe, la vertu reste, ne l'oubliez pas.

Comme le vieillard prononçait ces sages paroles, Julien se présenta souriant pour venir presser la main de son gouverneur ainsi que celle du marquis.

— A quel heureux hasard, cher ami, suis-je redevable de ta bonne visite? s'informa le jeune homme.

— Au désir de te prévenir que nous passons une partie de la nuit ensemble chez le marquis de Beaulieu qui te prie d'assister au bal qu'il donne ce soir.

— Merci de ta prévenance, de Fransac. J'accepte d'autant mieux l'invitation qu'on cite en tous lieux monsieur le marquis André de Beaulieu comme un homme du plus haut mérite.

— Et ajoute encore, cher Julien, père d'une fille divinement jolie, la belle et gracieuse Lively, dont les fils de famille de notre France se disputent le cœur et la main.

— Et de laquelle vous brûlez d'envie de grossir la cour, observa en souriant M. Renaud.

— Oubliez-vous que je vous ai fait la confidence de ma prochaine union et qu'en ma qualité de futur la galanterie m'est interdite envers toute autre fille que ma prétendue? dit de Fransac gaîment.

— Quant à moi, je défie les charmes de mademoiselle de Beaulieu de mordre sur mon cœur, dit fièrement Julien.

— Allons, allons! je vois que vous êtes tous deux de braves champions et que Satan perdrait son temps avec vous, fit en souriant le bon ecclésiastique duquel les deux amis prirent congé pour aller courir de par la ville.

A peine ces derniers s'étaient-ils éloignés, que la comtesse Hubertine d'Auberville vint par sa présence les remplacer chez le vieillard, dont elle pressa la main avec aménité.

— Bonjour, mon enfant, soyez cent fois la bien venue auprès de votre vieil ami, fit le bon curé.

— Mon ami, vous êtes seul? s'informa la comtesse en portant ses regards autour d'elle.

— Seul! mais si vous étiez venue un

instant plus tôt, vous m'eussiez trouvé en compagnie de votre Julien bien-aimé et de l'un de ses bons amis, M. le marquis de Fransac.

— Mon ami, vous êtes toujours content de mon fils ?

— De plus en plus, car c'est un garçon rangé, plein d'honneur et surtout de charité... A propos, madame la comtesse, vous désiriez savoir ce que va faire notre Julien dans cette maison de la rue des Minimes ?

— En effet, car Julien s'y rend chaque jour et même y passe beaucoup de temps.

— Oui, à consoler une pauvre femme veuve, souffrante et mère, dont il s'est fait le bienfaiteur, avec laquelle il partage sa bourse. Ah! c'est un noble cœur que notre enfant, ma chère Hubertine.

— Ce que vous m'apprenez-là, mon ami, me fait un bien extrême. Mon cher monsieur Renaud, il faut joindre nos bienfaits à ceux de notre enfant, il faut que vous vous rendiez chez cette pauvre femme afin de lui donner les secours dont elle peut avoir besoin.

— J'irai, madame, aujourd'hui même, car il ne faut pas faire attendre les malheureux.

— Ami, vous avez été à même d'apprécier ce marquis de Fransac, ainsi que le vicomte de Brémont avec lesquels Julien s'est lié d'amitié.

— Oui, madame la comtesse.

— Vous m'avez assuré que ce sont de braves jeunes gens pleins d'honneur et de droiture...

— Le marquis est sur le point de s'unir avec sa cousine, mademoiselle Lucrèce, fille unique du baron de Grosbois... Je vous dirai encore que Julien, par l'intervention de ces messieurs, a reçu une très-flatteuse invitation au bal que donne ce soir le riche marquis André de Beaulieu.

— Bonne nouvelle encore, mon ami,

car notre Julien ne peut hanter meilleure société que celle que reçoit le marquis de Beaulieu qu'on dit être un homme de bien, un noble gentilhomme de mœurs sévères... ah! mon vieil ami, que je m'estimerais heureuse s'il m'était permis d'accompagner mon fils dans ces réunions, de le montrer dans le monde et de pouvoir dire hautement, voilà mon fils, aimez-le, il en est digne. Mais hélas! cet orgueil d'une mère ne m'est pas permis, il faut me taire et souffrir en silence... Est-il position plus douloureuse que la mienne?...

— Pauvre femme, je vous plains! car je comprends votre douleur.

— Oh! oui, douleur bien grande en effet! que celle de n'oser embrasser l'enfant auquel on a donné le jour! Douleur bien vive encore que celle de penser qu'un jour viendra où cet enfant désirant s'unir à celle que son cœur aura choisie, nous demandera quel est son nom, nous sommera de lui faire connaître sa famille et qu'alors, il me faudra lui dévoiler la honte de sa mère.

— Au nom du ciel, gardez-vous de vous effrayer ainsi, chère Hubertine, Julien, si jamais il apprenait que vous êtes sa mère, s'estimera le plus heureux des hommes et n'aura d'autre pensée que celle de vous chérir et de vous respecter, s'empressa de dire le bon vieillard en pressant dans les siennes les mains de la comtesse.

Laissons ces deux personnages achever leur entretien et allons rejoindre Julien qui, s'étant séparé de son ami de Fransac après avoir fait quelques tours de promenade avec lui sur la place Royale, se dirigea vers la demeure de sa Berthe bien-aimée qu'il trouva dans sa petite chambrette, le visage attristé et en train de travailler. Julien, après avoir fermé la porte, s'empressa de venir s'asseoir près de Berthe, de lui prendre la main et de l'embrasser avec amour.

— Chère Berthe, comme tu es pâle! serais-tu malade?

— Oh! oui, bien malade, en effet; mais c'est mon cœur, c'est ma tête qui souffrent horriblement..... Julien, je l'avais bien prévu... que je suis malheureuse!

En disant ainsi, Berthe laissa tomber

sa tête sur l'épaule de son amant et fondit en larmes.

Ému, embarrassé, Julien ne sait comment apaiser sa douleur; il cherche des paroles de consolation; il ne comprend pas, dit-il, tant de désespoir : peut-elle douter de son amour et de sa constance, lui dont le plus grand bonheur est de venir auprès d'elle pour l'adorer?

— Votre amour, répondit Berthe, il m'était doux, il me comblait de joie quand j'étais vertueuse encore. Mais aujourd'hui, Julien, il ne doit plus y en avoir dans votre cœur pour une fille déshonorée, perdue, qu'on caresse, mais qu'on n'aime plus parce qu'elle a cessé d'être estimable.

— Qu'oses-tu dire, ma bien-aimée? Est-ce de moi que tu dois craindre cette horrible injustice! s'écria Julien vivement.

— Je crains tout, hélas! car le sentiment de ma honte m'accable. Devant vous-même je rougis. Ah! que ne m'avez-vous entendu, Julien, lorsque je vous disais : ayez pitié d'une pauvre fille !

— Relève-toi à tes propres yeux, ma Berthe, car moi seul suis coupable ; de ta part c'est trop de faiblesse. Est-il rien de plus pur, de plus naturel que le tendre sentiment qui nous unit, et devrais-tu en rougir ainsi ?

— J'ai peur, vous dis-je, peur que vous me méprisiez, que vous m'abandonniez un jour et mon cœur, à cette affreuse pensée, ressent une angoisse mortelle. Écoutez-moi, Julien, ma destinée aujourd'hui, semblable à celle de tant de malheureuses dont l'exemple aurait dû m'instruire, ma destinée, dis-je, est dans vos mains. Vous pouvez, si cela vous plaît, vous jouer d'une pauvre fille dont tout le crime a été de vous aimer; vous pouvez m'abandonner avec mon déshonneur et mes remords; mais alors vous n'entendrez plus jamais parler de moi. Oh! ce n'est point une menace que je veux vous faire, si vous me trompez, Julien, c'est mon sang qui retombera sur vous. Oui, vous n'aurez pas seulement abusé de mon innocense, de ma faiblesse, désolé mon pauvre cœur; vous m'aurez tuée, Julien, et de nous deux je ne serai pas la plus à plaindre!

— Moi, chère Berthe, je serais assez misérable!...

Julien ne put achever, tant les sanglots étouffaient sa voix; alors il se jeta dans les bras de la jeune fille, la couvrit de baisers; et Berthe, palpitante sous les caresses de son amant, sentit un peu de confiance et de bonheur rentrer dans son âme.

— Moi, te trahir, ma Berthe, reprit Julien, toi une créature si bonne, si belle ! un ange de vertu ? Que pourrais-je donc vouloir de plus dans celle qui qui doit être la compagne de ma vie ?

— Mais, songez-vous, mon ami, que je ne suis qu'une pauvre enfant du peuple, une orpheline ouvrière ? Dans ce monde brillant pour lequel vous êtes fait, où vous vivez, vous rougiriez de moi, sans doute ?

— Berthe, ne me prête pas d'aussi

indignes sentiments. Toi, qu'en tout lieu je serai fier de montrer; sont-elles donc si communes les âmes, aussi pures, aussi élevées que la tienne ? Berthe, quand tu seras ma femme, ce qui ne peut tarder, que tu m'aimeras sans remords, je serai le plus heureux et le plus orgueilleux des hommes.

— Julien vous me rendez la vie... Mais c'est bien vrai ce que vous me dites là ? Êtes-vous bien sûr de vous ? Si ceux dont vous dépendez devaient s'opposer à notre union ?

— Sois sans crainte, ma douce amie,

rien ne pourra prévaloir sur mon amour pour toi. Le bon vieillard qui m'a élevé et duquel seul je dépends, m'aime trop pour me voir malheureux.

Berthe, rassurée, presque heureuse, ne se plaignit plus et se livra sans contrainte aux tendres caresses de son amant, de celui qui venait de lui jurer qu'elle serait sa femme légitime.

Julien, après avoir quitté Berthe, descendait l'escalier de la maison, lorsqu'il se trouva, avec autant d'embarras que de surprise, en face de son vieux gouverneur, lequel montait péniblement les étages, et qui, après l'avoir reconnu, lui tendit la main en souriant :

— Vous dans cette maison, mon vieil ami? Quel hasard et qui vous y amène? s'empressa de demander Julien troublé.

— Cher enfant, l'excellence de votre cœur n'est plus un secret pour madame la comtesse d'Auberville ni pour moi, nous savons que votre bourse est au service des malheureux, et que c'est dans cette demeure que vous venez distribuer vos bienfaits à une pauvre mère de famille. Votre protectrice, madame la comtesse, à laquelle j'ai révélé votre noble et généreuse conduite, a voulu s'associer à votre bonne œuvre et m'envoie secourir, à votre exemple, la veuve et les orphelins, dit le vieillard en pressant les mains de Julien tout à fait rassuré par ces paroles.

— Qui donc vous a si bien instruit de mes actions, mon vieil ami ?

— Votre ami, le marquis de Fran-sac.

— Le bavard! fit Julien.

— Allons! ne nous fâchons contre personne, et guidez moi vers l'asile de votre veuve.

— Venez donc, cher gouverneur?

Julien passa son bras sous celui du vieillard pour l'aider à gravir le reste de la montée, et tous deux se présentèrent chez la veuve où régnait l'ordre et la propreté, en dépit d'une extrême misère que trahissait l'aspect du mobilier, lequel se composait d'un misérable lit, d'une table boîteuse et de deux chaises.

— Dame Lefèvre, réjouissez-vous, car je vous amène la providence en la personne de mon excellent père d'adoption, qui, instruit de votre gêne, de vos souffrances, s'empresse de venir à votre secours.

La veuve, émue, s'empressa de prendre la main de Julien et de la porter à ses lèvres pour la baiser et la mouiller des larmes, que lui arrachait la reconnaissance.

— Vous voyez, mon enfant, qu'il est doux de secourir l'infortune et de combien de joie une bonne action inonde notre cœur... Tenez, bonne dame, acceptez cette bourse que m'a chargé de vous remettre une personne, aussi bonne qu'elle est charitable, afin de vous aider à rétablir votre santé et à élever vos enfants, auxquels nous ne cesserons de prendre le plus vif intérêt.

Comme le respectable ecclésiastique parlait ainsi, la porte de la chambre s'ouvrit pour donner entrée à Berthe, qui venait s'informer de l'état de santé de sa voisine, et, apercevant Julien et le vieillard, demeura toute interdite.

— Mademoiselle Berthe, dit la veuve, encore une bonne action de la part de monsieur Julien, qui, non content d'avoir secouru ma misère et arraché au désespoir, à la mort peut-être, m'amène encore aujourd'hui un nouveau bienfaiteur. En vérité, j'aurais grand tort de me plaindre, puisque la Providence m'entoure de cœurs aussi généreux.

— Oui, madame, ayez toujours confiance en Dieu qui n'abandonne jamais ses enfants, et récompense les âmes honnêtes.

— Alors, il permettra que cette jeune fille soit heureuse autant qu'elle le mérite, elle qui, simple ouvrière, ne vivant que de son travail, a daigné la première partager avec moi et mes enfants, le modique salaire qu'elle gagnait chaque jour, dit madame Lefèvre en indiquant Berthe, qui, rouge et toute émue, s'était tenue à l'écart.

— Ah! vous avez fait cela, mon enfant? Eh bien! que l'on dise donc que le bon Dieu n'envoie pas ses anges sur la terre!.... Charitable, vertueuse et belle! voilà des qualités qui vous porteront bonheur, mademoiselle, fit le prêtre en pressant affectueusement la main de la jeune fille, qui, timide et embarrassée, n'osait lever les yeux.

— Oh! oui, mon vieil ami, mademoiselle Berthe est un ange, vous ne vous trompez pas, dit Julien avec feu.

— Mademoiselle, je parlerai de vous à madame la comtesse d'Auberville, et je ne doute pas, qu'à ma recommandation, elle ne vous soit utile, car c'est une sainte femme chez qui les honnêtes personnes trouvent facilement amitié et protection... Vous vivez près de vos parents, mon enfant ?

— Non, monsieur, car je suis orpheline et seule au monde, répondit Berthe.

— Seule et si jeune ! pauvre et chère petite ! Combien il vous faut alors de vertu et de courage pour résister et éviter les écueils perfides, les nombreux dangers qui menacent une jeune fille de votre âge... Oh ! mon enfant ! méfiez-vous des piéges du démon, redoublez de prévoyance et ne cessez jamais de prier le ciel afin qu'il continue à vous donner la force nécessaire pour garantir votre innocence des embûches des méchants... Et, si jamais un danger réel vous menaçait, venez, venez sans crainte m'en instruire, m'ouvrir votre cœur et entendre les conseils d'un vieillard, ceux du ministre d'un Dieu de clémence et de justice.

C'était les yeux mouillés de larmes et la rougeur au front que Berthe écoutait les conseils du vénérable eclésiastique, elle dont il vantait la vertu et qui se savait indigne et déshonorée.

Julien, qui devinait ce qui se passait

dans le cœur de Berthe, souffrait pour elle et la contemplait d'un regard suppliant, comme voulant lui dire :

— Grâce pour moi qui suis le seul coupable !

Le vieux Renaud, après avoir consacré une grande heure à consoler la mère de famille, à fortifier la jeune fille contre les dangers de la séduction, prit congé de l'une et de l'autre, accompagné de son élève, mais non sans avoir annoncé une visite très-prochaine.

CHAPITRE SEPTIÈME.

VII

Les deux sosies.

Le riche hôtel du marquis de Beaulieu resplendissait de lumière, et ses larges portes s'ouvraient devant les nombreux carrosses qui arrivaient, pour ainsi dire à la file les uns des autres. Dans les salons, étincelant d'or, sous l'éclat de mille bougies, se trouvait rassemblé ce soir là, tout ce que la cour et la ville avaient de plus noble et de plus élevé en dignité.

Le marquis de Beaulieu, veuf depuis quatre ans, célébrait par une fête magnifique le dix-neuvième anniversaire de sa fille bien-aimée, la belle et gracieuse Lively. Aussi, tous les hommages de la foule empressée s'adressaient-ils à la reine de la fête, à laquelle le bonheur prêtait un nouveau charme. Spirituelle autant que bonne, accueillant avec un sourire d'ange ceux qui, par galanterie ou pour se conformer à l'usage, venaient lui débiter ces politesses banales que la mode consacre.

Lively, joyeuse et vive, comme on est à son âge, donna bientôt le signal du plaisir, et le bal commença avec ses séductions enivrantes et ses joies si souvent menteuses.

En cet instant, le marquis de Fransac, le vicomte de Brémont et le chevalier Julien, trois inséparables, faisaient leur entrée dans les salons et se hâtaient de se diriger à travers la foule vers le siége où trônait la belle Lively.

— Soyez les biens venus, messieurs, et merci cent fois d'avoir daigné vous rendre à notre invitation, répondit gracieusement la jeune fille aux compliments sincères que lui adressaient les trois amis.

Lively en disant ainsi, fixait l'un après l'autre les jeunes gens; puis, son regard s'étant arrêté particulièrement sur Julien, prit aussitôt une expression de surprise indéfinissable.

— Mon père, disait un instant plus tard Lively au marquis, je viens de voir une chose étrange.

— Qu'est-ce donc, cher enfant?

— Votre sosie qui est apparu à mes yeux et qui m'a parlé.

— Voilà qui est curieux, en effet... où

est-il ce second moi-même, afin qu'il me soit permis de me reconnaître à mon tour ? dit en riant le marquis tout en passant le bras de sa fille sous le sien.

— Ici, mon père, c'est l'un de nos invités, un jeune homme fort gentil, qui se nomme le chevalier Julien Venez, nous allons le rencontrer et vous jugerez vous-même.

Et Lively entraîna son père à travers le salon où, en effet, elle et le marquis tardèrent peu à se trouver en présence de Julien, qui s'empressa de saluer avec grâce et respect le maître de la maison lequel après l'avoir fixé attentivement, ne put réprimer un mouvement occasionné par la surprise.

En effet, c'était la coupe de son visage, les mêmes traits, les mêmes yeux et le même regard.

Cette étrange ressemblance ne put même échapper aux personnes qui entouraient le marquis, et toutes partagèrent la même surprise.

Julien, en se voyant ainsi l'objet d'une attention presque générale, qu'il ne savait à quoi attribuer, se sentit embarrassé et son visage se colora d'une vive rougeur.

— Monsieur le chevalier, dit en souriant et d'un accent rempli de douceur le marquis André de Beaulieu, monsieur le chevalier, je devine le motif de la contrainte qui se peint dans vos yeux. Oui, vous trouvez étrange que chacun ici fixe son regard sur vous, avec bienveillance cependant, vous en conviendrez. Mais c'est que vos traits ont une telle analogie avec ceux d'une personne qui est en ce moment près de vous, que chacun s'en étonne... Tenez, regardez toutes les personnes qui nous entourent et vous reconnaîtrez aussitôt votre portrait frappant dans le visage de l'une d'elle.

— Parbleu! monsieur le marquis, la chose est facile, et il ne me reste plus qu'à vous demander mille grâces du caprice de dame nature qui s'est permise de donner à un infiniment petit de mon espèce les traits d'une personne de votre qualité et de votre haut mérite, répondit en riant Julien.

— Savez-vous bien, chevalier, que si, aujourd'hui, j'étais du même âge que vous, vous seriez un être très-dangereux pour moi, car alors il vous serait on ne peut plus facile de me remplacer et d'usurper certains droits dont nous autres hommes sommes très-jaloux.

— Moi, monsieur le marquis, pensant avoir rencontré un frère, je respecterais assez sa propriété et ses droits pour qu'il n'eût point de reproches à m'adresser.

— Ce serait la conduite d'un parent bon et délicat alors... Observez donc, messieurs, que non-seulement monsieur le chevalier est tout mon portrait, mais que ma fille lui ressemble quelque peu, ajouta le marquis en s'adressant à l'auditoire.

— Beaucoup, en effet, fut-il répondu d'une voix unanime, on dirait, en vérité, le frère et la sœur.

— Plût à Dieu que ce fût, messieurs, car alors je m'estimerais plus honoré que le roi de France, répondit gaiement Julien tout en regardant le charmant visage de Lively qui lui souriait gracieusement.

— Samblen ! vous n'êtes pourtant pas mon fils ! s'écria joyeusement le marquis.

— Certes, non, monsienr, un tel honneur ne m'a pas été dévolu, répliqua Julien.

— Eh bien, je crois que s'il en eût été autrement, que je ne m'en plaindrais pas, car vous m'avez l'air d'être un charmant enfant... Mais, point de regrets superflus et allez danser avec ma fille, auprès de qui votre visage est une excellente recommandation, dit le marquis en quittant le bras de Lively.

— Cher père, ce serait avec plaisir que j'accepterais monsieur pour cavalier, mais il n'est pas le premier en date ayant été devancé par M. le vicomte de Brémont, répondit la jeune fille.

— Alors, mademoiselle, vous plaît-il de m'accepter pour second?

— Hélas ! pas encore, M. le marquis de Fransac ayant ma parole.

— Décidément, je joue de malheur, fit Julien.

Et comme il allait s'inscrire en troisième, l'orchestre, en donnant le signal de la danse, fit accourir le vicomte de Brémont, auquel Lively donna sa main pour s'éloigner avec lui, au grand regret de notre héros qui s'avouait tout bas ne pas encore avoir rencontré beauté plus parfaite que celle de mademoiselle de Beaulieu.

Lorsqu'il pensait ainsi, où donc était le souvenir de Berthe! Hélas! bien loin, bien loin!

FIN DU PREMIER VOLUME.

TABLE

DES

CHAPITRES DU PREMIER VOLUME.

Pages.

I.	— Prologue....................	5
II.	— Le lutin du château...............	57
III.	— Un nouveau-né................	101
IV.	— Vingt ans après................	115
V.	— La promenade à la campagne......	177
VI.	— Projets de mariage.............	255
VII.	— Les deux sosies...............	305

FIN DE LA TABLE DU PREMIER VOLUME.

Melun. — Imprimerie de DESRUES et Cie.

Avis aux personnes qui veulent monter un Cabinet de Lecture.

BIBLIOTHÈQUE
DES
MEILLEURS ROMANS MODERNES
1,200 volumes in-8°. — Prix : 2,000 francs.

Cette collection contient les NOUVEAUTÉS de nos auteurs les plus en vogue publiées jusqu'à ce jour par la maison, lesquelles sont accompagnées d'affiches à gravure et autres. — Tous les ouvrages sont NEUFS et garantis bien complets.

Les Libraires qui feront cette acquisition recevront GRATIS *cent exemplaires du Catalogue complet et détaillé avec une couverture imprimée à leur nom pour être distribués à leurs abonnés.*

La Maison traite de gré à gré pour un nombre moins considérable de volumes à des conditions très-avantageuses. Grandes facilités de payement moyennant les renseignements d'usage. Le Catalogue se distribue gratis aux personnes qui en feront la demande par lettres affranchies.

Paris. — Imp. P.-A. BOURDIER et C⁰, rue Mazarine, 30

www.ingramcontent.com/pod-product-compliance
Lightning Source LLC
Chambersburg PA
CBHW060401170426
43199CB00013B/1958